ADOLPHE TAVERNIER

Amateurs et Salles d'Armes de Paris

ILLUSTRATIONS DE

GENILLOUD

C. MARPON & E. FLAMMARION, Éditeurs
26, Rue Racine, près l'Odéon

AMATEURS
ET
SALLES D'ARMES
DE PARIS

*Il a été tiré de cet ouvrage
dix exemplaires sur papier de Chine et vingt-cinq
exemplaires sur papier du Japon
tous numérotés.*

DU MÊME AUTEUR :

L'ART DU DUEL

Eau-forte de MILIUS. — Préface par AURÉLIEN SCHOLL.

ILLUSTRATIONS DE

**Blanchon, Feyen-Perrin, Geniloud, Gœneutte, Juzet, Lerat,
A. de Neuville, H. Pille, Ruzé, Willette, Gundt.**

---

1 volume in-16, grand jésus. Prix : 5 francs.

NOTA. — Il reste encore quelques exemplaires de la première édition grand in-8° sur papier Whatman, avec double suite, au prix de 40 francs, et sur papier du Japon, à 50 francs.

PARIS. — IMP. C. MARPON ET E. FLAMMARION, RUE RACINE, 26.

ADOLPHE TAVERNIER

AMATEURS
ET
SALLES D'ARMES

DE PARIS

Illustrations de Genilloud

PARIS
C. MARPON ET E. FLAMMARION
ÉDITEURS
26, RUE RACINE, PRÈS L'ODÉON

Tous droits réservés.

ANTOINE D'EZPELETA

Tout le monde connait la fine tête, aux traits aristocratiques, la barbe noire et soyeuse, taillée court, les yeux doux, tendres et rêveurs de cet homme à la mode.

Ezpeleta! ne vous semble-t-il pas que ce nom résonne comme un cliquetis d'épées?

On est prêt à le prendre pour un synonyme du mot *Espada*.

Il n'en est rien, cependant.

Ezpeleta, en basque, veut dire, si je ne me trompe, buis ou lieu planté de buis.

Ainsi s'explique l'étonnante *verdeur* des membres de cette famille originaire du pays basque, et dont il est fait mention, à différentes reprises, dans de vieilles chroniques fort intéressantes que j'ai parcourues à la Bibliothèque nationale.

J'y ai relevé notamment un duel palpitant qui eut lieu aux environs de 1325, entre un seigneur Velche d'Ezpeleta et un autre seigneur Pero Lopez d'Amesqueta.

Cette rencontre fut fatale au premier nommé, qui fut désarçonné et tué par son ennemi.

Aujourd'hui le sort du combat serait différent, car le descendant de ces preux, le baron Antoine d'Ezpeleta est une des première lames de l'époque — j'oserai même dire la première.

Depuis pas mal d'années, ce gentleman est rentré sous sa tente et se refuse obstinément à tirer en public ou même devant un cercle d'amis. Il ne veut pas, m'a-t-on dit, faire comme Dupré, qui ne sut pas prendre sa retraite à temps. Il a peur de ne plus lancer l'*ut de poitrine* — je veux dire le coup droit ou dégagé — avec la même vigueur et la même pureté. M'est avis qu'il a tort et que sa modestie l'égare. Il serait encore aujourd'hui le roi des amateurs et il y aurait grand profit pour tout le monde à lui voir faire des armes.

Notez qu'il est dans la force de l'âge et qu'il n'a rien perdu de son agilité ni de sa rare puissance musculaire.

J'ai peu vu tirer, à la vérité, ce nouveau Saint-Georges, — du moins, ne l'ai-je pas vu se mesurer avec des adversaires de sa taille.

Cependant, ce peu m'a suffi pour deviner quel étonnant escrimeur il est.

Tous ses rivaux m'ont affirmé — ce que je crois sans peine — qu'il est impossible d'être à la fois plus élégant, plus souple, plus rapide.

Waskiewicz — un vrai connaisseur — l'a proclamé naguère le premier amateur de l'époque, attendu qu'il « est le seul qui puisse se vanter d'avoir rencontré avec avantage les meilleurs tireurs — professeurs et amateurs — de son temps ».

C'est un élève de Cordelois.

Dans la préface de son livre intitulé : *Leçons d'armes*, l'éminent professeur a revendiqué fièrement pour lui la gloire d'avoir formé un tel élève, — gloire que M. Legouvé avait attribuée par erreur à Robert aîné.

Ezpeleta est surtout un attaqueur. La caractéristique de son jeu, c'est la grâce, l'à-propos et surtout la vitesse — une vitesse inimaginable.

Il a des coups droits et des dégagés-éclairs presque imparables.

Il attaque généralement de pied ferme et par coups simples, avec une détente de jarrets prodigieuse. Souvent, aussi, il attaque en marchant par des battements au changement d'engagement suivis de coupés si vertigineux qu'on a peine à le suivre.

Le tout exécuté avec une élégance et une harmonie incroyables.

Quand Ezpeleta lance un coup de bouton, me disait un de ses rivaux, il a l'air de vouloir fleurir la boutonnière de son adversaire d'un bouton... de rose, tant il le place, sur la poitrine dudit, avec une gracieuse délicatesse.

Il y a un peu de cela, en vérité, dans sa manière coquette de manier le fleuret.

Ajoutez qu'il possède une main excellente, un doigté très agile qui lui permet de faire voler la pointe de son fleuret au bout de ses doigts, comme Paganini faisait de son archet magique.

Le « contre-de-quarte » n'a pas de secret pour lui ; quand il s'est fendu — sans toucher — ce qui lui arrive rarement, — il se relève en prenant cette parade et riposte souvent par un dégagé qui arrive comme une balle.

L'élève de Cordelois a longtemps fait des armes au cercle de l'Union artistique de la place Vendôme, où il faisait de fréquents assauts avec MM. de Lindemann, Saucède, de Borda, Hochon, Potocki, Charles Le Roy, etc.

Plus tard, il patronna un ancien prévôt de Robert aîné, Manniez, le prédécesseur de Collin.

Aujourd'hui, il préside la salle d'armes de Mérignac aîné, transformée en cercle d'escrime.

Antoine d'Ezpeleta qui a acquis, on le conçoit, une grande autorité dans le monde de l'escrime est très consulté en matière d'affaires d'honneur. Son jugement droit et sûr, sa courtoisie extrême, sa grande expérience sont souvent mis à contribution. Inutile de dire que les intéressés se sont toujours bien trouvés de ses excellents conseils.

Le célèbre escrimeur est d'ailleurs un des hommes les plus doux, les plus sympathiques, les plus accueillants qui soient au monde.

Il a de la race et point de morgue. C'est un homme d'esprit dont on recherche la compagnie et un homme de cœur qui a fait montre pendant la guerre franco-prussienne d'une admirable bravoure qui lui a valu le ruban rouge.

A. WASKIEWICZ

Voilà, certes, l'un des noms les plus « autorisés » du monde de l'escrime.

A. Waskiewicz est d'origine polonaise comme l'indique son nom ; il a appartenu longtemps au monde financier.

Il cultivait avec un égal succès la *prime* et la *remise* à la salle d'armes et sous les colonnades de la Bourse.

Le rival des Ezpeleta et des Féry d'Esclands est d'une taille moyenne, mais bien prise. Tout en muscles, il est d'une rare vigueur, et, bien qu'il ne soit plus tout jeune, il fatiguerait encore sur la « planche » les plus robustes, si la maudite goutte ne l'empêchait trop souvent de se servir de son fleuret.

Sa physionomie reflète à la fois l'énergie et la timidité. C'est un timide énergique ou un énergique timide, comme on voudra.

Une petite moustache grisonnante souligne un visage aux traits fins et presque minuscules.

L'œil est vif et brille d'un feu étrange quand

Waskiewicz, qui, au fond, est la bonté même, s'emballe pour défendre les grands principes de l'escrime.

Oh! alors gare aux contradicteurs! l'élève de Cordelois vous les roule, vous les retourne par une série d'arguments pressés, lancés d'une voix sonore et scandés par une expressive mimique.

Le tempérament de l'*attaqueur* et du *toucheur* se retrouve chez le causeur.

On peut dire, sans flatterie, que ce galant homme possède à fond la science de l'escrime. Il a voué à cet art, qui procure à ses fidèles d'incomparables jouissances, un culte passionné que les années n'ont point affaibli.

Waskiewicz a été un des premiers tireurs de notre époque. C'est un des plus remarquables élèves de Cordelois qui a laissé, comme on sait, un traité d'escrime très estimé.

Il est probable que Waskiewicz n'a pas dû être étranger à la confection de ce savant ouvrage.

Le brillant élève de Cordelois, je l'ai déjà dit, est surtout « attaqueur », comme la majorité des disciples de ce maître éminent, comme A. d'Ezpeleta, comme Cordelois lui-même.

Ce n'est pas à dire qu'il pare médiocrement. Il

a, au contraire, une main excellente et prend notamment le contre-de-quarte avec une vraie maîtrise. Ses ripostes et contre-ripostes sont aussi fort réputées. Mais le fort de Waskiewicz — il n'y a pas à dire — c'est l'attaque.

Les coups droits, les une-deux dedans au changement d'engagement, les battements au changement dégagé pleuvent alors drus comme grêle sur la poitrine de l'adversaire. Tous ces coups exécutés *d'allonge*, car Waskiewicz possède mieux que personne ce qu'on a appelé la « rouerie de la garde » ou le calcul de la distance. Il sait se « loger » d'une admirable façon.

Ajoutez à cela que c'est un tireur de tête, habile à tendre à ses adversaires des pièges machiavéliques.

Waskiewicz a fréquenté longtemps la salle de Pellencq, rue Laffitte. Aujourd'hui, il va régulièrement chez Hyacinthe Vieuville, qui est heureux de posséder dans sa salle de la rue de la Victoire un tireur de cette valeur.

Il ne ménage point d'ailleurs ses conseils aux jeunes escrimeurs d'avenir, et il endosse plus d'une fois le plastron du professeur pour les faire travailler.

Waskiewicz possède son « Paris-Escrime » sur le bout du doigt et nul mieux que lui ne pourrait vous dire ce que tel tireur renommé a « dans le ventre », comme on dit vulgairement.

Il n'est point flatteur, et tel vaniteux a pu se convaincre qu'il ne faisait pas bon de se frotter à ses coups de boutoir.

Ajoutons, pour terminer, que Waskiewicz, qui est vice-président de la Société d'encouragement de l'escrime, en est, en quelque sorte, l'âme. C'est lui qui organise la plupart des assauts, fait les multiples démarches qu'ils exigent et se dévoue enfin de toutes ses forces à cette œuvre si intéressante destinée à propager en France le culte de l'escrime — exercice passionnant quand on s'y adonne sérieusement, mais bien sévère pour les débutants.

FÉRY D'ESCLANDS

I L ressemble à un juge sur son tribunal ; le fleuret dans sa main a l'air du glaive de la loi ; quand il vous touche, on dirait qu'il vous exécute. »

Ce petit croquis, signé Ernest Legouvé, vaut un portrait en pied.

Féry est svelte et de taille au-dessus de la moyenne. On ne soupçonnerait jamais que la redingote qui enveloppe cette apparence physique ordinaire cache une musculature aussi extraordinairement puissante. C'est le propre des hommes vraiment forts de « n'avoir l'air de rien » dès qu'ils sont habillés. Voyez les plus étonnants gymnasiarques moulés dans leurs maillots faisant ressortir leurs formes superbes. Voyez-les encore dans leurs vêtements de ville étriqués, beaucoup ont l'air de gringalets : tel notre escrimeur. C'est un hercule qui jongle avec des poids de cinquante kilos et fait des rétablissements que lui envierait un Léotard.

La tête respire l'énergie et la ténacité ; le visage est éclairé par des yeux à la fois doux et sombres, rêveurs et impérieux.

M. Féry d'Esclands est certes un des plus forts exécutants qui aient existé.

Il est le compatriote de Saint-Georges, étant né comme lui à l'île Bourbon.

C'est surtout un tireur de tempérament — à l'exemple du célèbre mulâtre — mais un tireur de tempérament qui possède beaucoup de jugement.

Les leçons des maîtres qui s'appelaient Bertrand et Robert aîné, unies à l'intelligence rare et à la volonté obstinée de l'élève, ont certainement contribué à développer beaucoup ses dons de nature — mais ces dons n'en existaient pas moins à un haut degré.

M. Féry d'Esclands a toujours été regardé comme le premier des « pareurs-riposteurs » de ce temps.

C'est justice. Il pare avec une vigueur, une précision et une autorité phénoménales.

Chacune de ses parades — me disait quelqu'un

qui le connait bien — est *un tour de force*. C'est parfois une parade de contraction, mais c'est merveilleux de vitesse et de virtuosité. Ajoutez que cette parade est toujours prise — rarissime mérite — de pied ferme. A l'imitation du roseau de la fable, Féry plie... sur ses jambes et ne rompt pas.

La riposte est digne de la parade, elle arrive directe et foudroyante en pleine poitrine avec une précision telle que « son fleuret semble avoir un œil en guise de bouton ».

Ce sportman a des jambes excellentes — de vrais ressorts d'acier — mais peu d'allonge, somme toute. Il attaque en marchant, rarement par des coups simples, mais plutôt par des séries de feintes que son incomparable doigté lui permet d'exécuter avec une finesse et une vitesse électriques.

Possédant bien la science des armes, il a du jugement, certes, sous le masque, mais il a davantage encore du coup d'œil — un coup d'œil extraordinaire qui est servi par une exécution de main supérieure.

Il n'a point de coups préférés, à proprement parler. Il se règle sur son adversaire qu'il attend le plus souvent de pied ferme.

Comme Mérignac, il pare et riposte dans toutes les lignes avec la même maestria. Tout au plus, un critique sévère pourrait-il lui reprocher un peu de nervosité et un léger retirement du bras.

Un des triomphes de Féry d'Esclands, c'est le temps d'arrêt. Au moment où le pied de l'adversaire se lève, le coup part comme une balle et vient clouer l'imprudent entre ciel et terre.

Il possède très bien aussi la difficile science des *temps* — il en a même écrit une monographie que je n'ai point lue et qu'on s'accorde à trouver un peu trop savante. Ce travail sera d'ailleurs prochainement complété par un autre beaucoup plus important. M. Féry se propose de fixer quelques points contestés en matière d'escrime et de duel. Cette étude du célèbre amateur ne peut manquer de piquer la curiosité de tous.

La caractéristique de M. Féry d'Esclands, c'est l'activité.

Il est lieutenant-colonel du 44e régiment territorial d'infanterie, conseiller-maitre à la Cour des comptes, où son talent est très apprécié, président de la Société protectrice des animaux, dont il s'occupe avec beaucoup de zèle.

Notez qu'il trouve encore le temps, en dépit de

ses occupations multiples, de pratiquer une foule de sports : la chasse, la boxe, les échecs, et enfin l'escrime, son exercice favori — cela va sans dire.

Il avait jadis grandement contribué à la fondation du Cercle des Éclaireurs, situé à l'angle du boulevard et de la rue de la Paix.

Bon nombre des membres de ce club avaient fait partie du bataillon de jeunes gens à la tête desquels s'était mis Féry d'Esclands, pendant le siège de Paris, en 1870-71, et qui était chargé, surtout, d'aller pousser des reconnaissances, pendant la nuit, jusqu'au milieu des lignes prussiennes : d'où leur nom d'*Éclaireurs*.

M. Féry d'Esclands, commandant de ce bataillon d'élite, fut décoré de la Légion d'honneur avec plusieurs de ses compagnons d'armes; pour les grands services qu'ils rendirent au gouvernement de Paris.

Ce Cercle des Éclaireurs qui fut, un moment, très brillant, avait naturellement une salle d'armes. Le professeur était Robert aîné, auquel on avait adjoint Camille Prévost, aujourd'hui directeur de la salle d'escrime du Cercle des Mirlitons.

Les plus fines lames de la salle étaient à cette

époque : MM. Waskiewicz, Saucède, Brinquant, G. de Borda, prince Bibesco, de Vibraye, Ney d'Elchingen, et Charles Le Roy.

M. Féry d'Esclands pouvait donc croiser le fer avec des amateurs dignes de lui.

Ai-je dit que l'ancien commandant des Éclaireurs s'exprimait avec une rare facilité d'élocution et savait *conter* pour le plus grand plaisir de ses auditeurs?

Dame! un conseiller-maître à la Cour des comptes doit savoir *compter* de toutes les façons.

SAUCÈDE

Ce galant homme a trouvé le moyen de faire mentir le fameux et si véridique adage latin : *donec eris felix multos numerabis amicos.* Quand les revers se sont abattus sur lui, — revers immérités, conséquence du krach formidable qui a englouti à la fois tant de fortunes honteusement acquises, et tant d'autres, hélas ! honorablement amassées, — la phalange des amis de Saucède n'a pas diminué d'un seul. Je dirai plus : beaucoup de sympathies ignorées sont allées jusqu'à lui depuis ces jours de malheur.

Saucède est grand, fort, avec une énorme paire de moustaches qui lui coupe la figure en deux et lui donnerait l'air féroce sans l'expression de douceur et de franchise infinies du regard.

Il a quelque peu l'allure militaire, avec son teint

haut en couleur, sa carrure d'épaules et son pantalon à la hussarde.

La neige qui a saupoudré ses cheveux et sa barbe, jadis blonde (il l'a longtemps portée entière), ne lui a retiré ni énergie, ni élasticité.

C'est un lutteur non découragé, à l'âme et au corps également bien trempés.

Saucède est un de nos amateurs les plus justement réputés. Il a beaucoup travaillé avec Robert aîné et avec Grisier. Mais l'homme avec lequel il plastronna le plus, peut-être, celui qui lui inculqua l'amour des armes, c'est Berrier.

Il m'adressa jadis une lettre toute débordante de reconnaissance pour la mémoire de ce fameux prévôt :

« Celui qui, chez Grisier, écrivait-il, m'a donné l'amour de l'escrime, celui qui m'a fait le peu que je suis, c'est Berrier. Berrier, le prévôt de Grisier, puis celui de Robert; — Berrier, que nous aimions tous comme des enfants aiment la vieille gouvernante qui les a élevés; — Berrier, dont le portrait est à la tête de mon lit, et dont le nom était synonyme d'honneur, de travail, de haute probité. Il est mort bien ignoré et bien modeste. Sa mort a été le digne corollaire de sa vie. Le choléra a emporté en quelques heures, malgré nos efforts pour le disputer à la mort, un des plus braves cœurs que j'aie jamais connus.

« C'est grâce à Berrier que j'ai pu lutter avec les Jacob, les Mérignac, les Prévost, les Robert, et que toute cette jeune génération m'est, je puis le dire, passée par les mains. Aussi je les considère tous comme mes enfants, et lorsque l'un d'eux, dans un assaut que j'ai l'honneur de présider, vient me dire après un coup de bouton douteux : « Mais « enfin, monsieur, j'ai raison, » et que je lui ré- ponds : « Non, tu as tort, et voici pourquoi : Tu « es dix fois plus fort que ton adversaire. Vous « avez fait une bêtise tous les deux, donc tu as « dix fois tort, » pas un de ces braves gens qui « n'accepte ce que je viens de lui dire. » . . .
. . . .

Saucède est surtout pareur. Se méfiant un peu de ses jambes et de sa corpulence, il attend presque tout de sa main, qui est merveilleuse. C'est un pareur exquis et un riposteur rapide, dont la pointe est pleine de précision.

Il a du « doigté » comme peu de tireurs et trompe le fer supérieurement.

Bien campé sous les armes, ferme comme un roc, il attend le choc de l'adversaire pour riposter, après avoir jugé et paré l'attaque, car c'est un tireur de *tête*, plein de sang-froid et sachant lire, à première vue, avec une rare clarté, dans le jeu de son partner.

Il possède bien la science des *temps* et des coups d'arrêt, et jadis il a réussi à prendre quelques très beaux coups de bouton de ce genre sur les attaques composées en marchant de Robert aîné.

Beau joueur, il accuse avec une loyauté absolue et sans mauvaise humeur aucune le coup de bouton qui a réussi à toucher son plastron si tentant, mais si difficile à aborder.

Quand il a réussi à faire tomber un jeune adversaire dans un des pièges qu'il tend si habilement, — s'il lui a pris, par exemple, un temps sur un une-deux-trois, après lui avoir fait croire qu'il allait répondre à toutes les feintes — il a une façon bien amusante de triompher. — Il s'avance à petits pas sur son *ennemi*, le corps plié en deux, les deux mains derrière le dos, le fleuret dépassant la tête et semblant lui dire : « Qui est-ce qui est pincé ? »

Il va sans dire que personne ne songe à se fâcher. On constate seulement que Saucède a autant d'esprit au bout du fleuret qu'au bout de la langue.

Saucède a contribué, pour une large part, dans la création des salles d'armes annexées aux principaux cercles de Paris, notamment du Cercle des Mirlitons, des Éclaireurs, de l'École d'Escrime française.

Il est le président d'honneur de la salle d'armes du Cercle de l'Union artistique dont il s'est toujours occupé avec sollicitude, et membre du comité fondateur de la Société d'encouragement de l'escrime.

Il a souvent présidé de grands assauts et notamment celui du *Figaro*, où le baron de San-Malato fit naguère ses débuts à Paris contre Louis Mérignac.

Impossible d'être à la fois plus impartial et plus ferme.

Au reste, un connaisseur, A. Waskiewicz, l'a proclamé, dans un article remarquable, le roi des présidents d'assaut.

Saucède est encore un *diseur* de premier ordre. Il est de toutes les pièces que donne le comité des fêtes du Cercle des Mirlitons et se fait toujours vivement applaudir dans ses rôles.

Il est également bien sur la *planche* de la salle d'armes et sur les *planches* du coquet théâtre du Cercle de la place Vendôme.

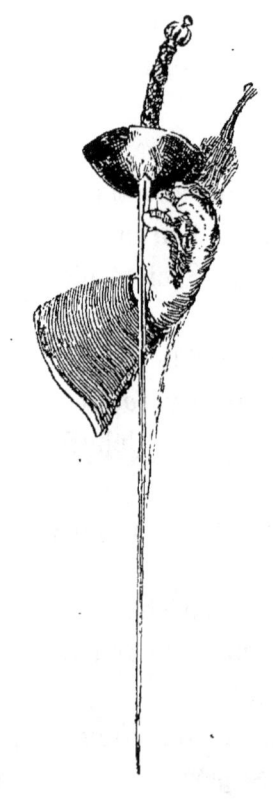

HÉBRARD DE VILLENEUVE

Lorsque M. de Villeneuve soumit à quelques-uns des amateurs les plus connus du monde de l'escrime l'idée de fonder une société destinée à encourager et à développer en France le goût du plus viril de tous les exercices, j'affirme qu'il n'y était point poussé par « l'amour du panache ». Le culte qu'il professe pour les armes était son seul guide ; aussi, quand on voulut lui offrir la présidence de cette société, songea-t-il tout d'abord à refuser.

Ce n'est que sur les vives instances du comité fondateur qui l'avait nommé président, par acclamation, qu'il se décida à assumer cette lourde tâche. Avouons qu'il était impossible de faire un meilleur choix.

Outre que l'idée première de cette entreprise osée, chimérique, à première vue, de grouper en un faisceau toutes les forces vives de l'escrime, lui appartenait, il n'y a pas à se dissimuler que nul président n'eût déployé plus de zèle. De plus, M. de Villeneuve est jeune, il est orateur, — on l'a vu dans maintes circonstances, — et enfin, il jouit auprès de tous d'un grand crédit fait de sympathie et d'estime.

Je suis fâché d'avoir l'air d'un courtisan en couvrant de fleurs un de nos amateurs les plus aimables, mais je ne puis pas cependant dire le contraire de ce que je pense, pour le plaisir de m'offrir un petit « éreintement ».

Les sentiments que j'exprime ici sur le compte de l'homme partent du fond du cœur ; — tout à l'heure, quand viendra le moment de juger le tireur, j'essaierai de mêler l'absinthe au miel, la critique impartiale à la louange méritée.

Ces précautions oratoires prises, je passe au « crayon » physique de l'élève de Mimiague. M. de Villeneuve est de taille moyenne et « très bien fait », — comme on dit vulgairement, — ce qui exprime qu'il n'est ni gros, ni gras, ni maigre, mais... juste à point. Il est blond avec une paire d'yeux bleus très clairs, respirant la netteté et la douceur. Une barbe blonde, très soignée, encadre un visage pâle aux traits réguliers et au front très haut, indice certain d'une intelligence *claire*.

Voilà pour le physique et le moral ; passons maintenant « au tireur » qui importe le plus, en l'espèce.

M. de Villeneuve est élève de Mimiague, chacun sait cela ; j'ajouterai que c'est de tous les ténors de la salle Richelieu le plus attaqueur et l'un des plus *toucheurs*. Notez que cette salle comprend des amateurs comme MM. Chabrol, de l'Angle-Beaumanoir, Tony-Girard, Dérué, Guignard, Devillers, Sarlin, Gomez, Camuset, Audouin, Chabert, etc., tous tireurs classés.

Donc le président de la Société d'encouragement de l'escrime est surtout un *toucheur* et un *attaqueur*.

Ce n'est point un classique du fleuret, quoiqu'il fasse brillamment des armes. La tenue est bonne, bien qu'on puisse lui reprocher, peut-être, de ne pas assez plier sur les jarrets. La main est extrêmement rapide et vigoureuse, mais le pouce a une tendance à empiéter sur la *lunette* du fleuret et à s'y *arc-bouter* : de là un manque de légèreté dans la pointe et une contraction de la main qui nuit au *doigté*, lequel exige beaucoup de souplesse et d'abandon. Ses attaques sont pleines de vitesse et manquent bien rarement leur but ; on aimerait, par exemple, à les lui voir faire plus souvent de pied ferme pour permettre aux jambes de déployer leur « allonge ».

M. de Villeneuve attaque volontiers par des une-deux-trois, par des feintes du coup droit coupé-coupé, par des battements coupé dégagé dessous, par des une-deux coupé dessus.

L'adversaire qui veut s'amuser à suivre son fer est presque certain d'être touché ; le mieux est de tâcher de parer la *finale* ou de prendre d'emblée un contre-de-quarte en ripostant par le dégagé dessus, ou par une-deux, en ayant soin de ne pas abuser de la riposte composée, sous peine de recevoir une remise.

Il serait également imprudent de l'attaquer dans la ligne du dedans, car il possède une parade simple de quarte qui arrive rapide comme la foudre... tac-tac! Il recherche assez volontiers, — et en cela il est classique, — la phrase d'armes : attaque, parade, riposte, contre-riposte ; il est bien rare que, dans ce cas, il ne finisse point par toucher, car il est très couvert, pare vite et bien et riposte plus vite encore.

Dans les corps-à-corps, il emploie beaucoup les redoublements par les coupés, — un peu comme

Carolus-Duran, — et poursuit jusqu'à ce qu'il ait touché, ce qui arrive fréquemment.

En somme, M. de Villeneuve est un remarquable tireur de tempérament classé, à juste titre, parmi les dix plus forts qui soient à Paris.

Il s'est mesuré, sans désavantage, avec les meilleurs fleurets de nos salles d'armes et a battu bien des amateurs renommés.

Le président de la Société d'encouragement de l'escrime est un sportsman qui cultive non seulement le fleuret, mais encore le pistolet, qu'il manie avec adresse. C'est de plus un cavalier élégant qui monte bien à cheval. Ces exercices intelligents ne l'empêchent pas de s'occuper avec beaucoup de zèle du Conseil d'État, où il est maître des requêtes et où ses distingués services lui ont valu la croix de la Légion d'honneur. Il a tout ce qu'il faut pour devenir avant peu un excellent conseiller d'État, tout comme son émule et ami de la salle Mimiague, M. Chabrol.

GASTON GUIGNARD

GUIGNARD est un des amateurs qui ont le plus souvent croisé le fer, en assaut public, avec Mérignac et Prévost.

Ce n'est point là un mince honneur pour un amateur, et cela prouve que celui que ses amis appellent, dans l'intimité, « le rempart de Bordeaux », n'est point un adversaire de petite valeur pour qu'on le mette ainsi en face de pareils maîtres.

M. Guignard est un des plus forts élèves de la salle Mimiague. Tout le monde le reconnaît. C'est de tous, certainement, celui qui opposera le plus de résistance à un maître de premier ordre ; ce n'est pas celui qui brillera le plus, ni qui touchera peut-être le plus souvent.

Il manque d'allonge et de cette netteté dans les parades et les attaques qui fait le tireur de style, mais il a infiniment de jugement, de vitesse, une main excellente et un coup d'œil qui lui permet de profiter du moindre écart dans le jeu de son adversaire.

Il attaque beaucoup en marchant et en s'emparant du fer par des engagements multiples et rapides, puis, dès qu'il aperçoit un « jour », il lance le coup droit ; il exécute assez souvent aussi l'une-deux dedans au changement et le battement dégagé dessus.

Mais son fort, somme toute, c'est la parade et particulièrement le contre-de-quarte qu'il roule avec une dextérité rare, un peu comme son rival M. de l'Angle-Beaumanoir. Par exemple, il lève davantage la main que ce dernier, ce qui fait qu'il n'est guère possible de le lui tromper que dans la ligne du dessous.

M. Guignard est de taille moyenne et bâti en Hercule Farnèse.

S'il voulait se donner la peine de « lutter » j'imagine qu'avec ses membres et son thorax puissants, il « tomberait » tous les « Arpins » de profession.

Mais il a bien d'autres occupations plus nobles en tête. Il occupe, en effet, ses loisirs de millionnaire à faire de la peinture et il travaille avec l'énergie d'un jeune artiste pauvre qui veut arriver à la fortune. Il arrivera sûrement à la réputation, car il a du talent. Les derniers tableaux qu'il a exposés au Palais de l'Industrie, et particulièrement sa grande toile militaire qui lui a valu une médaille, témoignent de grandes qualités et de réels progrès.

M. Guignard est, de plus, un sportsman très distingué, qui adore les courses de chevaux et qui vous analyse les « performances » d'un crack avec toute l'autorité d'un connaisseur.

Ces luttes hippiques ont, d'ailleurs, inspiré au peintre quelques petites toiles brossées avec cette virtuosité de touche qu'on retrouve dans l'escrimeur lorsqu'il prend sa parade favorite.

On a remarqué que nos peintres modernes cultivent très volontiers l'escrime : ce que faisant, ces messieurs ne font que suivre les traditions des grands maîtres d'antan. Raphaël; Benvenuto Cellini, Velasquez, Salvator Rosa, Ribera et tant d'autres ne furent pas seulement d'admirables peintres : ils surent manier l'épée, je dirai presque avec autant de talent que le pinceau.

ROULEZ

Qui ne connaît Roulez? qui ne l'a vu tirer, ou tout au moins suivre d'un œil distrait, un sourire sardonique sur les lèvres, les passes d'armes de nos assauts publics?

Il n'y a point de bonne séance d'armes sans lui et le cliquetis des fleurets l'attire — comme les braves le bruit du canon.

C'est un fanatique de l'escrime, comme cet art en compte heureusement beaucoup aujourd'hui.

D'aucuns aiment l'escrime par hygiène, d'autres par vanité, d'autres encore par prudence; lui l'aime, comme il faut l'aimer, par amour de l'art — parce que c'est le plus noble de tous les exercices, le plus beau, le plus passionnant et le plus intéressant.

Donc Roulez est un convaincu du fleuret; c'est, de plus, un « doué ».

Il est grand, brun, nerveux, bien musclé avec des jambes et des bras comme il en faut pour attaquer de loin.

Le visage est quelque peu sombre, voire même dur à l'état de repos. Dès que la parole l'anime, il devient souriant et les yeux révèlent toute la courtoisie qui est au fond de la nature de cet escrimeur.

Roulez, qui doit côtoyer la quarantaine, a quelque chose comme vingt ans de salle d'armes. C'est dire qu'il possède parfaitement la science de l'escrime qu'il a toujours cultivée avec passion.

Il a commencé avec Raimondi, qui fut également le professeur de Gustave de Borda et travailla avec ce maître pendant près de dix années. Il prit ensuite des leçons du « père » Boyer, le prédécesseur de Chazalet, pendant cinq autres années. Cette salle a produit de célèbres élèves, entre autres MM. Dejoux, Dupin, de Tournon, Lionel et Olivier de Bondy, etc.

Il a également beaucoup fréquenté la salle de Mérignac aîné, avec lequel il a fait d'innombrables assauts.

Roulez a peu paru en assaut public depuis quelque temps.

Une des dernières fois que je l'ai vu tirer, c'est chez le prince Alphonse de Chimay, où il a fourni contre Casella — le tireur napolititain qu'on sait

— une passe d'armes pleine de science et de vigueur.

La vigueur ! ce n'est pas ce qui manque à Roulez. Il a des jambes d'acier qui se détendent comme des ressorts, des doigts de fer qui font voler le fleuret dans sa main, et des poumons de cheval de course.

On m'a conté justement, à propos de sa force physique, une amusante anecdote :

Il devait avoir, il y a quelques années, une affaire sérieuse avec un clubman qui compte parmi nos meilleurs tireurs.

Roulez s'était fait confectionner, pour la circonstance, des épées excessivement lourdes et telles que les Preux en brandissaient jadis dans leurs homériques combats.

Habitué à jongler avec des haltères fort pesants, Roulez comptait bien, si le sort des armes le favorisait, embarrasser son jeune et svelte adsaire, peu familiarisé avec de pareilles durandals.

L'affaire n'eut fort heureusement pas lieu et les choses s'arrangèrent au mieux des intérêts des deux sympathiques *ennemis*.

Roulez conserve sa paire de « colichemardes » pour une autre occasion.

L'escrimeur qui nous occupe ne déploie pas que de la vigueur dans ses assauts. Il fait montre encore d'un jugement très sûr. Bien qu'il riposte souvent d'une façon très heureuse, il brille surtout dans l'attaque — les coups simples et de vitesse demeurant ses coups de prédilection.

Ses attaques de pied ferme sont généralement des coups simples sur les préparations de son adversaire surpris et touché en pleine poitrine au moment où il s'y attend le moins. Parfois il lance, à toute volée, un battement tiré droit ou dégagé qui arrive avec la rapidité de l'éclair. Parfois aussi il pratique la fausse attaque pour se ménager une contre-riposte.

La pointe de son fleuret est toujours en ligne et sa parade énergique. Il prend volontiers la septime, le contre et le double contre-de-sixte et riposte souvent alors par le dégagé dans la ligne basse.

C'est, en somme, un tireur complet, plus solide que brillant et toujours intéressant à voir tirer.

Roulez compte, d'ailleurs, parmi les premiers amateurs de Paris.

Sa conduite pendant la guerre de 1870-71 lui a valu la croix de la Légion d'honneur.

Il aime son pays et ne s'en cache pas. Aussi,

ceux qui médiraient de la France et des Français devant lui auraient maille à partir avec son épée.

Un jour, pendant l'armistice, je crois, il entend une « tête carrée » déblatérer avec l'odieux accent tudesque qu'on sait contre notre pays. Il ne fait ni une ni deux. Il provoque le soudard, l'amène sur le terrain et lui envoie un coup d'épée qui lui cloua la langue pour longtemps.

Il en est qui demandent à quoi sert l'Escrime. Quand ce ne serait qu'à châtier les officiers étrangers insolents !

GUSTAVE DE BORDA

Gustave de Borda est un sympathique et un gai. Il possède cette qualité particulière qui s'appelle « l'humour » assaisonné d'une jolie dose d'entrain bien français.

Ne pas croire cependant que « Coup-d'Épée », —ainsi qu'on l'a bien improprement dénommé,— n'ait point de temps en temps la saillie mordante.

S'il est vrai de dire qu'il a de l'esprit jusqu'au bout des ongles, il ne l'est pas moins de reconnaître qu'il a des ongles au bout de l'esprit. — Ça déchire parfaitement, ou mieux ça griffe, — car la bienveillance native de l'angora reprend le dessus et empêche la déchirure d'aller au delà de l'épiderme. Il en résulte une petite égratignure à fleur de peau. Simple coquetterie d'un brave homme et d'un homme brave qui tient à prouver que s'il fait généralement, par nature, patte de velours, il pourrait, à l'occasion, montrer les griffes.

Au physique, c'est tout le portrait du *Vert-Galant*.

L'œil est vif, malicieux, rieur et bon, le nez très bourbonnien, la lèvre railleuse. La barbe, qu'il porte entière, encadre un visage haut en couleur et respirant la gaieté, l'entrain et l'ironie douce.

Cette figure aimable surmonte un corps à la Porthos, demeuré très agile en dépit d'un aimable embonpoint qui cadre bien avec la joyeuseté de la physionomie.

De Borda, qui est gaucher, est élève du célèbre Raimondi. Il a trente ans de salle d'armes, ainsi qu'il le proclama lui-même jadis, après un assaut mouvementé avec Ruë — un autre gaucher — au Cercle des Mirlitons.

Bien que le jeu de l'élève de Raimondi abonde en coups réguliers — (il procède généralement par coups droits et recherche volontiers la riposte du tac-au-tac) — il est essentiellement un tireur de tempérament, ou mieux un impressionniste du fleuret.

Il se précipite sur son adversaire avec une *furia* irrésistible, le surprend dans ses préparations d'attaques, le culbute, le terrorise par son cri de guerre guttural et formidable : — rrrrrrrrriiiiiiii! — et, bref, le met en pièces.

On se surprend, après un aussi chaud engagement, à rechercher les morceaux dudit adversaire autour de soi.

Ce n'est point par la vigueur qu'il faut combattre ce jeu romantique : c'est par la finesse, l'à-propos, le sang-froid, le jugement.

Gustave de Borda a une façon bien particulière d'éviter la riposte après une attaque moyenne : il fait un bond en arrière assez habilement combiné pour lui permettre de riposter avec succès.

Cela surprend joliment les adversaires peu familiarisés avec ce jeu romantique.

Sa parade favorite est le contre-de-tierce, qu'il roule avec une rare dextérité, pour se ménager parfois une fine riposte en sixte liée.

Une riposte de maître, s'il vous plaît.

Gustave de Borda est triplement vice-président, sauf erreur : vice-président de la salle de l'Union artistique, vice-président de la Société de secours mutuels des maîtres-d'armes, et vice-président de la Société d'encouragement de l'escrime.

Que de vices pour un sportsman si aimable!

Ajoutons que c'est le moins querelleur des hommes.

Il a eu, je crois, trois duels dans sa vie!

Un, entre autres, avec mon confrère et ami

Albert Delpit, qui s'en tira avec une blessure légère.

Un dernier trait : de Borda, qui a fait partie des valeureux Éclaireurs Franchetti, pendant la guerre de 1870-1871, a reçu en pleine poitrine un coup de bouton... rouge... le ruban de la Légion d'honneur.

Pas plus que les autres, de Borda n'a jamais songé à nier celui-là.

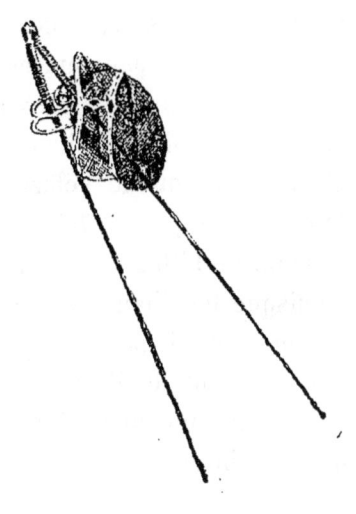

CAROLUS DURAN

INUTILE, je pense, de m'attarder à décrire le physique de ce maitre peintre.
Tout le monde connait cette tête expressive aux yeux noirs, striés d'or, ces longs cheveux bouclés quelque peu saupoudrés de neige, et cette barbe frisée séparée en deux pointes, le tout fleurant son Espagnol d'une lieue.

On sait, du reste, que le Velazquez français est né à Lille et qu'il est, de ce fait encore, au moins cousin germain de l'illustre Don Diego Rodriguez de Silva, puisque les Flandres appartinrent longtemps à la maison d'Espagne.

Mais c'est surtout de l'escrimeur que je veux m'occuper aujourd'hui, aussi laissé-je de côté le peintre quelque intéressant que puisse être le sujet.

Aussi bien, M. Carolus Duran a conquis dans le monde de l'escrime une notoriété presque égale à celle qu'il occupe dans le monde des arts, et je ne suis pas bien certain qu'il mette celle-ci au-dessus de celle-là.

Dame! écoutez donc, les virtuoses du fleuret sont tout aussi rares que les virtuoses du pinceau — plus rares même — et l'exécution d'un beau coup de bouton cause aux adeptes de l'escrime une volupté comparable à celle qu'éprouvent les dilettantes à la vue d'un beau morceau de peinture crânement enlevé.

M. Carolus Duran a été président de l'École d'Escrime française de la rue Saint-Marc pendant deux ans. Il avait succédé, comme on sait, à l'infortuné général Ney, duc d'Elchingen, dont la mort mystérieuse et dramatique vint affliger un beau matin nos Parisiens stupéfaits.

Carolus se rend presque chaque soir à la salle d'armes des « Mirlitons »; il s'escrime là pendant deux bonnes heures avec une énergie qui témoigne de la vigueur de ses muscles et de sa passion pour les armes.

L'éminent portraitiste a commencé à faire sérieusement des armes avec Vigeant vers 1873. Ce n'est pas à dire qu'il n'eût point manié le fleuret avant cette époque.

Seulement il avait travaillé sans principes et s'était fait, grâce à l'énergie de son tempérament, un jeu très difficile, mais très irrégulier.

Il eut donc à oublier beaucoup et à apprendre davantage. Vigeant lui enseigna à régler sa fougue et à compter plus sur sa « tête » que sur sa main et sur ses jambes.

Grâce à ses dispositions naturelles et aussi à une force de volonté peu commune, Carolus devint en quelques années un vrai tireur.

Chaque matin, la première visite que recevait Carolus, c'était celle de Vigeant. Le grand atelier du passage Stanislas, tout inondé de clarté, avec ses étoffes multicolores aux nuances chatoyantes, avec ses chevalets, ses tableaux, ses esquisses, servait de cadre pittoresque à ces séances d'armes intimes.

Entre un coupé-dégagé et une riposte du tac, Carolus, tout ruisselant de sueur, se précipitait sur la toile en préparation pour corriger l'imperfection remarquée par *réflexion* dans la grande glace placée au centre de l'atelier.

Cela donnait même, parfois, lieu à d'amusants quiproquos.

Le portraitiste assermenté des Élégances cosmopolites travaillait alors à son tableau de la femme au *Gant*.

Au cours d'une reprise, Vigeant dit à son élève :

— Vous avez oublié le « gant ».

— Comment, riposte Carolus en regardant la toile, vous avez donc la berlue... ne le voyez-vous point ?

— Pardon! reprit Vigeant, je parle du gant d'armes que vous avez oublié de mettre.

Et Carolus de rire de sa méprise.

Depuis, le maître et l'élève se sont un peu brouillés, je crois. Seulement, je dois constater qu'en dépit de ce refroidissement dans leurs relations, le peintre de l'*Enfant bleu* n'a jamais cessé de faire l'éloge du talent de son professeur.

Cette impartialité dans la fâcherie n'est pas si commune qu'on pense.

Comme son maître, Carolus est un tireur de jugement, plus pareur qu'attaqueur.

La main est excellente : à la fois vigoureuse et moelleuse, elle a une prédilection particulière pour les parades simples.

N'est-ce pas le meilleur moyen de se ménager des ripostes à la fois brillantes et précises ?

Au fond, le contre, qui est la parade de l'incertitude, rend la riposte moins facile.

La parade simple est la parade des forts : un coup jugé est toujours paré par un simple, après quoi la riposte arrive foudroyante.

Néanmoins, je me garderai bien de condamner sans appel les *contres*, qui ont du bon et beaucoup de bon.

L'ancien président de l'École d'Escrime française qui pare assez souvent par le contre-de-quarte le sait bien, lui.

Par exemple, il a horreur de ces fausses parades de *contraction* dont certains tireurs agrémentent leur jeu et qu'il est si difficile d'éviter d'une façon absolue.

J'ai dit qu'il ripostait juste ; il sent surtout le fer en tierce et riposte bien dans cette ligne du tac-au-tac.

Voilà pour la main.

Les jambes ne sont pas inférieures au bras chez Carolus : par exemple, il ne s'en sert peut-être pas assez.

Il attaque en marchant par des une-deux et surtout des une-deux-trois dessus exécutés avec une vraie vitesse et avec un léger retirement de main.

En reprise d'attaque, il fait volontiers le dégagement en marchant.

Quand un corps-à-corps vient à se produire, il prodigue les coupés dessous ou dessus et il est bien rare qu'il ne parvienne pas à triompher, grâce à la rapidité et à la souplesse de son poignet.

En somme, Carolus est un de nos meilleurs amateurs, estimé comme extrêmement difficile par tout le monde.

L'escrime n'est pas le seul sport pratiqué par le maître-peintre : il monte bien à cheval, joue, à ma connaissance, du piano, de l'orgue et de la guitare, et possède une jolie voix qu'il manie avec goût.

On dit même qu'il fait, à ses moments perdus, de la peinture qui n'est pas complètement dépourvue de mérite.

J'ai oublié de dire que c'était un des trois ou quatre amateurs capables de suivre et de juger les phases d'un assaut, sans se tromper.

Cela tient à son coup d'œil d'abord et ensuite à l'étude approfondie qu'il a faite de la science, de concert avec Vigeant, dans tous les traités anciens et modernes parus jusqu'à ce jour.

Quelqu'un faisant un jour allusion à l'amour de

notre peintre pour l'épée et à la force réelle qu'il a atteinte dans cette arme en résumait le tout dans l'à peu près suivant :

Ce n'est plus Carolus Duran qu'il faut l'appeler, mais Carolus Duran... dal.

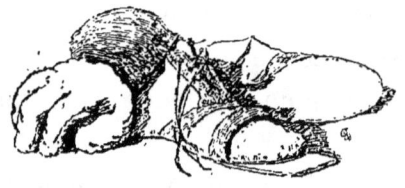

CAPITAINE DÉRUÉ

Voilà un officier comme il en faudrait beaucoup à notre armée — je ne crains pas de le dire. Le capitaine Dérué — ou le commandant Dérué, comme disent beaucoup de gens légitimement désireux de voir le quatrième galon d'or orner la manche du sympathique officier — est très épris de son métier, et c'est pour cette raison qu'il raffole de l'escrime.

Il estime avec beaucoup d'excellents esprits, avec le général Campenon, notamment, que cet exercice ne doit pas être ignoré de nos officiers. L'escrime procure, en effet, à ceux qui s'y adonnent sérieusement, en outre de jouissances très réelles, un « entraînement » capable de leur faire trouver légères les dures fatigues du métier militaire.

A ce point de vue, cet exercice doit donc faire partie intégrante de l'éducation de nos soldats.

J'ajouterai qu'il est indigne d'un officier français

de ne savoir point se servir d'une épée, l'arme nationale par excellence.

Et cependant, sur les cinquante officiers qui composent un régiment, il y en a tout juste trois ou quatre qui fréquentent la salle d'armes. Les autres ignorent le maniement du fleuret et sont incapables de distinguer un contre-de-quarte d'un contre-de-sixte.

Comme l'a dit le poète :

<blockquote>Le vrai peut quelquefois n'être pas vraisemblable.</blockquote>

Le capitaine Dérué forme avec quelques officiers d'élite, le lieutenant Roux notamment, une heureuse exception, dans notre armée, à cette règle désolante, et je tiens à l'en féliciter avec l'espoir que son exemple trouvera bientôt de nombreux imitateurs. La pratique de l'escrime n'empêche point de « potasser » la théorie, l'histoire, la géographie, la topographie, les mathématiques et tout ce qui constitue le bagage intellectuel d'un officier intelligent. Bien au contraire, le culte du fleuret constitue un dérivatif salutaire à toutes ces occupations et, en tous cas, comme disait le grand Dumas à propos des jeunes gens qui vont entendre broyer à l'Odéon des alexandrins plus ou moins amusants : « Cela vaut mieux que d'aller au café. »

Le capitaine Dérué a quarante-cinq ans environ.

Grand, blond, — d'un blond tirant sur le gris argenté, — le teint coloré, il a bien l'aspect d'un officier de cavalerie avec sa large carrure d'épaules, sa moustache militaire et ses jambes solidement musclées, habituées à enserrer le puissant cheval d'armes.

Ce cavalier accompli, longtemps capitaine au 4e régiment de dragons, en garnison à Joigny, où son escadron passait pour être un modèle de tenue et de discipline, est aujourd'hui rendu à l'École d'escrime de Joinville-le-Pont qu'il n'aurait jamais dû quitter.

Dès que notre officier a quelques heures à lui, c'est pour venir faire des armes soit à la salle Mimiague, — son quartier général à Paris — soit à l'Élysée, où l'on est à peu près sûr de le voir fournir tous les dimanches cinq ou six assauts consécutifs.

Cet escrimeur semble être en acier, et le mot « fatigue » n'existe pas pour lui.

Infatigable il est, en effet, et il tiendrait la

« planche » deux heures durant, si ses adversaires surmenés, moulus et harassés par ses attaques multiples, ne demandaient grâce.

Le capitaine Dérué a toujours passé pour un adversaire extrêmement « difficile », même à l'égard de nos premiers fleurets.

Il plie peu sur les jambes, affectionne la garde quelque peu couchée et exécute, le bras tendu, une multitude de petites feintes rapides, en rapprochant graduellement la pointe du corps de l'adversaire.

Il profite alors de l'ébranlement causé par ces menaces subites et innombrables pour loger son coup de bouton. Les une-deux, les une-deux-trois et les une-deux-trois-quatre se succèdent alors avec une rapidité déconcertante.

Le pareur, chez le capitaine Dérué, est quelque peu inférieur, à mon sens, à l'attaqueur, lequel est de premier ordre.

Pourtant, il pare très bien par la septime en se relevant et prend bien les parades simples, ce qui lui vaut de franches ripostes.

Un critique sévère pourrait peut-être lui reprocher de ne point déployer toute son « allonge ». Mais cette imperfection est rachetée par la finesse de son doigté, son extrême agilité et la justesse de son coup d'œil.

La capitaine Déruć avait déjà appartenu pendant plusieurs années à l'École d'escrime de Joinville-le-Pont. De l'aveu de tous, il y a rendu de signalés services.

Il a lutté avec une grande énergie contre la routine administrative, pour faire prévaloir nombre de réformes heureuses.

C'est grâce à sa ténacité que fut appliqué, en 1878, le projet Walfons-La-Pervenchère, qui relevait dans l'armée le prestige des maitres d'armes.

Il collabora également avec les quatre professeurs de l'École normale de Joinville à une *Instruction sur l'Escrime*, remarquable à bien des points de vue. Il vient, de plus, de publier une étude, qui manquait, sur l'*Escrime à cheval*, dans l'armée française. Le capitaine veut, avec raison, remplacer les coups de tranchant et les moulinets par les coups de pointe. Nul doute que sa méthode ne soit bientôt appliquée à tous les régiments de cavalerie française.

En somme, c'est un excellent officier qui a su, tout en s'acquittant avec dévouement de ses devoirs militaires, se créer une place à part dans l'armée, grâce au culte qu'il a toujours professé pour l'escrime. Les maîtres d'armes militaires lui doivent beaucoup et ils lui devraient davantage encore si ses projets n'avaient été contrecarrés par ces terribles « bureaux » que l'Europe, plus clairvoyante, commence à nous envier un peu moins.

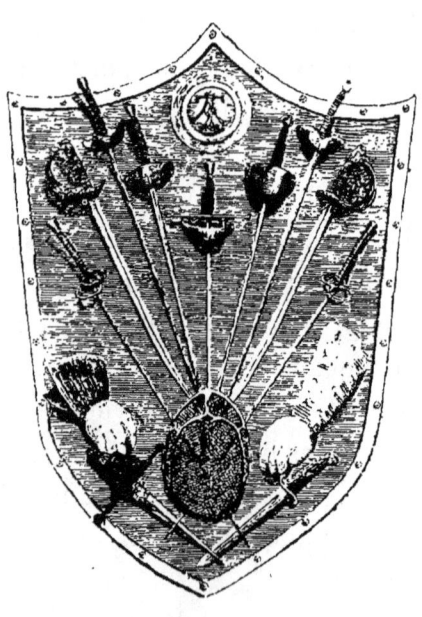

OLIVIER CONRAD

APRÈS avoir portraicturé des vétérans comme Waskiewicz, A. d'Ezpeleta, de Borda — de jeunes vétérans, il faut bien l'avouer — il m'est agréable d'accrocher dans cette galerie le médaillon inédit d'un « nouveau ».

Olivier Conrad, qui doit avoir trente-cinq ans, est essentiellement un « jeune » en escrime.

En dépit de la réelle force en armes à laquelle il est parvenu, il n'a guère que *sept années de salle*. Je sais que je vais faire voltiger sur bien des lèvres des sourires incrédules en révélant cette particularité, mais peu me chault! Il ne m'est point permis — histoire de faire plaisir aux impuissants qui font des armes depuis vingt-cinq ans sans succès, — de dénaturer la vérité.

Un maître auquel j'apprenais un jour ce détail, après un assaut de Conrad chez Mimiague, bondit comme sous le coup d'un outrage et me dit avec l'accent d'une incrédulité indignée :

— Allons donc! ce serait à briser, séance tenante, ses fleurets pour n'y plus jamais toucher!

J'avoue humblement n'avoir pas compris un traître mot à cette sortie.

Bien au contraire, je trouve qu'il est très consolant pour tous ceux qui s'occupent d'escrime de savoir qu'avec des dispositions sérieuses et une assiduité absolue, il est possible d'arriver en quelques années à une force classée.

C'est le cas du courtois escrimeur dont je m'occupe aujourd'hui, et j'expliquerai tout à l'heure en détail le pourquoi des progrès étonnants faits par lui en un espace de temps relativement aussi court.

C'est l'excellent maître Ruzé qui, le premier, a mis le fleuret en main à Conrad, vers 1878.

Il faut avouer que jamais terrain ne fut mieux préparé que celui-ci pour recevoir la semence bienfaisante donnée sous forme de leçons d'armes par le consciencieux professeur de la rue de la Bienfaisance.

L'élève et le professeur luttaient de bon vouloir, de conscience.

Conrad eut, de plus, le rare courage de ne point faire assaut avant de savoir très bien plastronner, c'est-à-dire avant deux années de leçons *quoti-*

diennes qui ne duraient pas moins d'une *heure et demie*, leçons à peine entrecoupées de repos n'excédant pas cinq minutes.

Aussi Conrad est-il, avec A. d'Ezpeleta et Vavasseur, l'homme de France qui plastronne le mieux.

Ajoutez à cela qu'il a des dispositions physiques et morales — si je puis dire — non pareilles.

Et d'abord, il adore l'escrime qu'il cultive avec une assiduité et une *passion raisonnée* que je n'ai rencontrées chez personne à ce degré. Ensuite, il est construit pour atteindre le maximum de la force possible dans cet art. De taille un peu au-dessus de la moyenne, il est mince, agile et musclé à point. Les bras et les jambes sont des ressorts à la fois souples et puissants, tandis que le thorax va s'élargissant sur une taille extra-fine.

Conrad a, sous les armes, une tenue d'une élégance surprenante. Il y a dans sa pose, dans tous ses mouvements, une grâce, une harmonie, un équilibre, de plus en plus rares aujourd'hui chez nos amateurs.

Ce n'est pas l'amateur le plus fort de Paris, c'en est sûrement le plus élégant.

Il pare d'une façon merveilleuse, avec sûreté, précision et rapidité.

Bien malin qui arrive à passer à travers les mailles serrées de ses parades multiples : contre-de-sixte-quarte, contre-de-quarte sixte.

Sa parade favorite est le contre-de-sixte qu'il fait suivre souvent d'une belle riposte en main de tierce.

Je ne trouve pas que chez Conrad l'attaqueur soit à la hauteur du pareur. Il me semble qu'il manque quelquefois d'à-propos et de variété dans ses attaques, qui sont toujours cependant remarquables au point de vue de l'équilibre.

Il est encore un peu *vert* au point de vue du *jugement* en escrime. Il connaît bien les armes, mais il manque peut-être un peu de spontanéité dans la conception.

Ce n'est point un improvisateur.

Si je signale ces imperfections qui vont disparaissant chaque jour, c'est, d'abord, que je me suis promis d'être sincère et qu'ensuite je suis sûr qu'avec quelques années de travail, ce tireur que je rêve *parfait* finira par le devenir.

Tel qu'il est, c'est un des amateurs les plus intéressants que nous connaissions et dont la place est retenue, à bref délai, parmi les trois plus forts tireurs de Paris.

Le père Ruzé est très fier de son élève et avec raison. Waskiewicz disait un jour devant nous : « Quand on a fait un pareil élève, on a prouvé, de façon évidente, qu'on est un habile professeur. »

J'aurais mauvaise grâce à n'être point de cet avis.

Olivier Conrad, qui continue à appartenir à la salle Ruzé, s'est fait recevoir en 1882 membre du Cercle des Mirlitons. Il y travaille beaucoup avec le professeur Prévost, qui a développé encore ses qualités acquises et modifié son jeu sur plusieurs points.

Conrad croise souvent le fer avec le maître de céans ainsi qu'avec les amateurs connus de ce club. MM. le comte de Lindemann et Alfonso de Aldama sont ses *partners* favoris.

ANDRIEUX

L'ANCIEN préfet de police mérite certes de figurer dans cette galerie d'amateurs consacrée à tous ceux qui cultivent le fleuret avec amour.

M. Andrieux est un sportsman convaincu. Je l'ai vu bien des fois fournir, dans une matinée, cinq ou six assauts au retour d'une promenade au Bois où il venait de galoper pendant deux heures un demi-sang ombrageux.

C'est essentiellement un tireur de tempérament qui sait mettre à profit sa rare énergie et ses moyens physiques.

Classique, il ne l'est point. Pourtant il faut noter dans sa manière un grand progrès depuis quelque temps. Il se dépense beaucoup moins en attaques répétées et s'applique à régler sa fougue. Sa tenue est également meilleure et s'il déploie peu « d'allonge », il attaque, riposte et contre-riposte avec plus de correction.

Ses attaques favorites sont le coup droit, le coupé, le dégagé et le une-deux. Il exécute tous ces coups en portant préalablement le poids du corps sur la jambe gauche tandis que le pied droit semble battre la mesure. On dirait un pur-sang qui piaffe d'impatience. Le tireur prend tout bonnement son élan pour bondir. Pendant ce temps, l'œil ne quitte point la poitrine de l'adversaire, puis, tout à coup, dès qu'il a remarqué « un jour », il fond sur l'ennemi avec une impétuosité sans égale. Si cette première attaque a été parée, il revient à la charge, « remise » et « redouble » jusqu'à ce que la phrase d'armes se soit terminée par un coup de bouton.

Il faut reconnaître que fort souvent ce coup de bouton doit être porté à son actif.

Par exemple, il retire parfois la main, ce qui enlève à ses attaques une partie de leur sécurité, en donnant à l'adversaire la tentation de prendre le coup d'arrêt : de là des coups fourrés assez fréquents.

M. Andrieux possède bien la « rouerie de la garde » et juge bien la distance.

Ce sentiment exact de la « portée » lui vaut des parades souvent excellentes. Il prend d'ailleurs bien les contres et riposte vite dans toutes les lignes.

M. Andrieux fait partie de la salle Collin.

Le maître, on le sait, dirige les séances d'armes élyséennes avec beaucoup de tact, gourmandant doucement les incorrects et félicitant les preneurs de classiques coups de bouton.

L'adversaire favori de l'ancien ambassadeur à Madrid est M. Sanguinetti, un très sympathique tireur dont les progrès vont s'accentuant chaque semaine. Tous deux se livrent des combats homériques qui durent parfois une grande heure et qui les laissent fatigués mais non rassasiés.

M. Andrieux est un tireur d'épée fort dangereux.

Sa vigueur, son « fond », sa ténacité se donnent là librement carrière; cette arme de combat lui permet mieux que le fleuret de donner cours à son jeu de tempérament.

Lors de la grande poule à l'épée de l'Élysée, le jeune adversaire de l'ancien préfet de police doit s'estimer heureux d'avoir mis hors de combat un champion qui était justement regardé comme l'un des candidats probables à la victoire.

La physionomie expressive de M. Andrieux est

beaucoup trop connue pour que j'aie besoin d'en tracer une silhouette à la plume. Je me bornerai à dire que le dessinateur Mars a très bien rendu, dans son album de l'*Escrime à l'Élysée*, le type aristocratique du spirituel député escrimeur.

POUPEINS-MAUFRAIS

MAUFRAIS est un admirateur enthousiaste de l'escrime, qu'il a commencé à cultiver au point de vue purement hygiénique et pour laquelle il s'est épris ensuite d'une belle passion... point platonique, je vous assure.

Sept fois par semaine, en effet, il vient tirer à la salle Ruzé, avec son maître de Smyters, pendant deux longues heures, avec une furia, une *énergie* (c'est son mot favori) indomptable. Après quoi, suant, soufflant, fumant, mais non lassé, il s'éponge avec *énergie*, toujours, regrettant amèrement que l'heure de midi l'oblige à abandonner la salle d'armes pour aller déjeuner. A ce moment encore, je pense, il doit décrire avec sa fourchette des coups droits et des coupés imaginaires en se remémorant les phrases d'armes à sensation de son dernier assaut.

M. Maufrais est né à Cuba, vers 1818; il a commencé l'escrime, il y a seize ans environ, avec celui qu'on appelle le père de Smyters, — alors prévôt chez Leboucher. — De Smyters est un très brave homme qui, en dépit de son âge avancé, donne la leçon avec beaucoup de zèle et de patience et fait des assauts pleins de vigueur. Il exerce aujourd'hui à la salle Ruzé où tous les jours son fidèle élève, M. Maufrais, vient travailler avec lui. Ce sont alors entre le disciple et le maître, qui ont à eux deux *cent quarante-quatre ans*, des luttes énormes, formidables, titanesques où les coups pleuvent drus comme grêle sur les plastrons (heureusement rembourrés) avec accompagnement de cris de triomphe quand un coup a touché et de heurts de sandale sur la planche sonore.

On ne pourrait — sans être taxé d'exagération — avancer que M. Maufrais est l'idéal du tireur classique et qu'il rendrait des points aux Cordelois, aux Bertrand, aux Lozès, au point de vue du style et de la pureté du coup de bouton.

Il serait, au contraire, plus exact de le ranger dans la catégorie des tireurs qui se sont fait un jeu de tempérament très difficile à débrouiller à cause de la vigueur et de l'imprévu qu'ils y mettent.

C'est donc un tireur de tempérament, que sa

vigueur et son endurance exceptionnelles rendent redoutable, même aux plus forts.

Au reste, l'infortuné colonel hongrois Kaweski, venu à Paris, l'année dernière, se mesurer avec l'énergique Cubain, a reçu une telle volée de coups de bouton, tout comme le major Eichulmann et le grand Maxwell, que ces trois exotiques ont renoncé à la petite promenade qu'ils avaient rêvé d'entreprendre dans les principales salles d'armes parisiennes.

Singuliers tireurs, d'ailleurs, qui, dans le *salut*, faisaient les appels du *pied gauche !*

M. Maufrais aime également à rappeler qu'il a proposé à M. Casella un combat à armes courtoises et que le tireur italien s'est empressé de décliner toute espèce de rencontre.

Tout récemment, M. Maufrais a entrepris, dans les différentes salles de la capitale, une tournée triomphale où il a pu compter autant de victoires que d'assauts.

Sa lutte avec Mérignac, qui a soulevé une légitime stupéfaction dans le monde de l'escrime, lui a valu une pluie de pièces de vers, sonnets, madrigaux, où ses prouesses incomparables sont chantées sur le mode pindarique.

L'élève de de Smytters est surtout attaqueur ; il a une prédilection marquée pour les coupés et les battements.

Sa parade favorite est la parade de septime qu'il a bien dans la main. Parfois il prend trois ou quatre contres de septime de suite : cette parade, qui coupe toutes les lignes par la façon dont il l'exécute, a été baptisée par ses adversaires le « moulinet-Poupeins ». D'autres la dénomment le « coup de balai ».

Don Quichotte lui-même, avec son énorme lance, eût été impuissant à venir à bout de ce vivant moulin, à une seule aile toujours en mouvement.

M. Maufrais est grand, svelte et bien placé en garde.

Il est si mince, me disait un jour un de ses adversaires, — vexé sans doute d'avoir reçu un « gilet » bien conditionné, — que pour le toucher, il faut ajuster avec la précision qu'on mettrait à viser un *cheveu* à trente pas avec un pistolet de tir.

J'ai toujours soupçonné ce bel esprit vindicatif d'être né pas bien loin de la Cannebière.

En tous cas, M. Maufrais est un excellent homme que la douceur de son caractère et son extrême urbanité rendent sympathique à chacun. Il adore l'escrime et tous ceux qui s'adonnent à ce bel exercice : il l'a prouvé en offrant un objet d'art magnifique à l'élève ayant fait preuve de dispositions exceptionnelles dans le concours d'escrime organisé par la Société d'encouragement entre les collégiens de Paris.

Cette libéralité est d'un bon exemple et mérite de trouver des imitateurs.

M. Poupeins-Maufrais est aujourd'hui célèbre dans toute l'Europe ; son nom est même parvenu jusqu'aux confins de l'île de Corée où, tout récemment, un habitant de ce lointain pays lui proposait de se mesurer avec lui. Nous assisterons prochainement à cette rencontre dont on dit merveille.

La réputation de M. Poupeins, qui tient déjà de la légende, demeurera inoubliable dans la mémoire de tous ceux qui ont eu la bonne fortune d'approcher du rayon de son terrible « moulinet ».

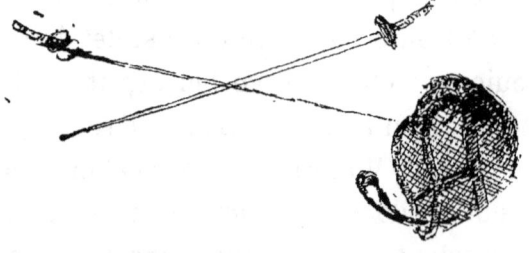

ANDRÉ REILLE

BRUN, de taille moyenne, mince et souple comme un fleuret, un peu affaissé, avec un binocle posé sur un nez busqué, des yeux vifs et pénétrants en dépit de leur myopie extrême, telle est, en style télégraphique, la silhouette de ce jeune tireur de vingt-huit ans dont la place est retenue au premier rang de nos escrimeurs parisiens.

André Reille est le fils du baron Reille, un député aussi aimable que réactionnaire et aussi réactionnaire que laborieux et estimé. J'imagine que, de son côté, le jeune André n'aime tant l'escrime que parce que cet exercice lui permet de faire ensuite de la *réaction* à outrance.

Quoi qu'il en soit, l'élève de Ruzé — il a commencé les armes chez cet habile démonstrateur à la fin de 1877 — est un tireur classique, gaucher, par surcroît, et dont on a pu apprécier les qualités dans les assauts où il a consenti à paraître en public.

A la fois attaqueur, pareur et riposteur, c'est un exécutant complet auquel on peut seulement reprocher quelques défauts de tenue. Ainsi, dans la garde, la tête et le corps se penchent trop en avant; il est vrai que la vue défectueuse du tireur, incomplètement corrigée par des verres de lunette d'approche, y est pour quelque chose. D'autre part, les jambes ne s'allongent point suffisamment dans l'attaque, ce qui oblige l'élève de Ruzé à marcher fréquemment au risque de se faire *arrêter*.

Cette petite part faite à la critique, il n'y a plus qu'à louer largement pour être impartial envers ce tireur de beaucoup de jugement.

La « main » est parfaite ; vigoureuse, souple et rapide, elle exécute les coups « pensés » par la tête avec une finesse de doigté et une précision rares.

Ces qualités permettent à Reille de tromper le fer, tout comme un vieux routier d'escrime.

Il fait généralement précéder ses attaques d'énergiques doubles-battements pour ébranler l'adversaire : après quoi il attaque par des coups droits, des dégagés, des une-deux, une-deux-trois, et surtout par la *feinte du coup droit dé-*

gagé dedans qu'il exécute avec une habileté déconcertante.

Ses parades favorites sont la septime et la seconde ; quant à ses ripostes, elles sont, — principalement dans la ligne basse, — excellentes ; son jeu rappelle alors beaucoup celui de M. Brinquant. Le jeune Reille ne lâche pas la phrase d'armes, il prodigue les contre-ripostes jusqu'à ce qu'un résultat se soit produit : généralement dans ces prises d'armes, la lutte se termine par un coup de bouton à son actif.

André Reille est un sportsman convaincu qui pratique avec un égal succès tous les exercices virils : l'escrime, la chasse, l'équitation, le canotage et... l'art oratoire, qui est une gymnastique comme une autre où les clowns et les équilibristes ne manquent point.

Il va sans dire que je ne dis pas cela pour lui qui est immuablement fidèle à son opinion et qui fait seulement partie de la conférence « Molé » qu'il révolutionne parfois, me suis-je laissé conter, par ses interruptions radicalement réactionnaires.

ALFONSO DE ALDAMA

Un nom espagnol, mais un esprit bien parisien, un boulevardier pur sang, qui doit se trouver tout dépaysé sur les bords du Mançanarès, — loin de cette bande de bitume qui s'étend du Grand-Café à Brébant, — oasis grouillante où se réfugient nos aimables viveurs pour lesquels le reste de Paris est le Sahara.

Fleur de parisianisme! telle est l'appellation poétique dont on pourrait affubler le plus brillant de nos champions d'assauts publics.

M. de Aldama est ce qu'on est convenu d'appeler « un joli garçon ». Grand, svelte — avec une légère tendance au *replet*. — Très brun, il est doué d'un visage aux traits fins et aristocratiques qui a dû lui valoir plus d'une bonne fortune. Habillé avec une élégante simplicité, il a toujours répudié les excentricités de mise grotesque de nos gommeux du jour.

Il possède une petite voix douce et quelque peu voilée avec laquelle il narre, non sans charme, l'anecdote piquante du jour ou le duel du lendemain.

On a remarqué qu'il souriait peu et riait encore moins.

C'est un mélancolique, un triste même, qui semble regretter les temps héroïques et romanesques où l'on portait le pourpoint et la collerette et où l'on mettait flamberge au vent pour les beaux yeux de sa « dame » au Pré-aux-Clercs.

Alfonso porte le chapeau sur le coin de l'oreille, — en « casseur d'assiettes, » — comme on dit vulgairement, ce qui, à l'encontre de beaucoup de gens, ne lui messied aucunement.

Calino, qui veut tout expliquer, prétend que c'est une ressouvenance des prouesses accomplies chez Gastine-Renette par notre boulevardier qui *casse*, en effet, un nombre incalculable d'*assiettes* au pistolet et au commandement.

Mais c'est de l'homme d'épée que j'ai à m'occuper et non du tireur au pistolet.

Il y a longtemps que M. Alfonso de Aldama passe, dans le monde de l'escrime, pour un de nos premiers fleurets. Il en est, à coup sûr, actuellement le plus brillant depuis qu'Antoine d'Ezpeleta, au désespoir de tous les connaisseurs, s'est définitivement retiré sous sa tente.

Quels que soient les tireurs inscrits sur un programme, M. de Aldama est toujours le « ténor » de la séance.

On l'applaudit d'un bout à l'autre de son assaut ; et ce succès, il ne le doit pas seulement à sa jolie tenue, à la correction de son jeu, à la maitrise de ses attaques admirables, il le doit encore à sa modestie et à la loyauté qu'il apporte à combattre son adversaire, — toujours prêt à accuser le coup de bouton si léger soit-il. Bref, indulgent pour les coups de ses partners et sévère pour les siens, voilà une qualité rare qu'il est de toute justice de mettre en relief.

M. de Aldama a commencé à faire des armes avec Pons neveu, si je ne me trompe. Il a ensuite travaillé avec Hamel, Robert, Vigeant, et enfin avec Prévost, le professeur de la salle d'armes des Mirlitons.

Il est incontestable que Prévost a contribué à faire de lui le tireur qu'il est devenu. Il lui a appris notamment à « tromper le fer », force qu'il avait un peu négligée jusque-là.

Aux yeux de beaucoup de connaisseurs qui le

voient faire des armes quotidiennement à la salle des Mirlitons, M. de Aldama est un tireur complet, aussi habile pareur qu'attaqueur merveilleux. Je n'y contredis point. Cependant, à mon sens, c'est surtout un attaqueur, en dépit de la sobriété, de la variété et de la précision de ses parades et de ses ripostes.

Il attaque souvent par des dégagements dedans ou dessus, par des coups droits sur préparation, et par des contre-dégagements sur changement d'engagement.

Quand il est parvenu à se « loger » — mouvement qu'il exécute avec une adresse féline, — en amusant son adversaire par des doubles engagements, il se fend avec la rapidité de l'éclair dans le « jour » qu'il s'est préparé.

Rien n'égale la vitesse, la netteté et la pureté du coup de bouton qui frappe la poitrine de l'adversaire comme ferait une balle.

De tels coups forcent les applaudissements les plus rébarbatifs.

Une parade-riposte que notre escrimeur a bien dans la main, c'est la parade de quarte suivie de la riposte du tac, ou encore d'une riposte par le dégagement et même par une-deux, s'il a remarqué qu'il n'a point affaire à un remiseur. Toutes ces ripostes sont faites avec le doigté. Il lui arrive souvent aussi, après la parade de tierce, de riposter dans la ligne basse avec une précision et une rapidité qui déconcertent son adversaire. Il prend admirablement les contres et particulièrement le contre-de-quarte, après lequel il riposte surtout par le dégagé. Les parades de septime enveloppée et de seconde sont également familières à son poignet agile et infatigable.

J'allais oublier de constater qu'il recherche souvent les contre-ripostes avec beaucoup de bonheur.

On peut lui reprocher de rompre parfois un peu trop. Il devrait s'habituer à compter davantage sur son excellente main pour parer les attaques les plus impétueuses.

Nul mieux que lui n'étudie avec plus de patience le jeu de son adversaire avant de se livrer à une attaque à fond contre lui; il a toujours soin de le tâter au préalable par une multitude d'attaques à l'épée : battements et doubles engagements.

On lui reconnait du jugement. Il en a, certes, mais il possède encore plus d'à-propos et de coup d'œil.

Son côté vulnérable, en assaut public, c'est le souffle. On doit attribuer en partie ce manque d'haleine à l'émotion, car si, devant un public nombreux, ses forces le trahissent au bout de dix minutes, à la salle d'armes, devant ses intimes, il peut tenir la planche pendant près d'une demi-heure.

On peut lui reprocher également de prendre trop de garde et de placer sa main gauche un peu trop au-dessus de sa tête.

Ces petites critiques faites, il n'est que justice de saluer en M. de Aldama l'un de nos premiers tireurs et, sans doute, le plus élégant de nos amateurs.

Ce sportsman connaît à fond l'escrime, dont il étudie les difficultés théoriques et pratiques avec les forts du fleuret et notamment avec Prévost.

C'est un des rares amateurs capables de suivre d'emblée toutes les phases d'un long assaut, comme un pianiste consommé déchiffre n'importe quel morceau à première vue.

Une anecdote pour finir.

M. de Aldama, qui s'est battu plusieurs fois en duel et qui ne recule pas devant une provocation, a dû cependant, une fois au moins dans sa vie, décliner le duel que lui proposait un original Yankee :

— Monsieur, vous me rendrez raison. — J'ai le choix des armes... je prends...

— Le pistolet, l'épée, le sabre ?...

— Pas du tout, fit notre Américain, je choisis... la pilule ; deux petites boîtes contenant, l'une une boulette inoffensive, l'autre, une boulette empoisonnée, seront placées devant nous... Nous tirerons au sort les boîtes en question...

— Je comprends, répondit M. de Aldama avec un magnifique sang-froid, mais je ne saurais accepter ce duel, ayant les coliques en horreur. J'ai autre chose à vous proposer.

— *Yes, sir*, fit le citoyen de la libre Amérique.

— Un duel à la dynamite. Nous tiendrons chacun à la main une bombe convenablement chargée de nitroglycérine, deux mèches allumées d'inégale longueur, — et, tirées au sort, — seront mises en communication avec lesdits obus... Vous devinez aisément le dénouement... L'heureux possesseur de la mèche plus courte sautera de joie et s'en ira tout droit voir ce qui se passe dans un monde meilleur.

Notre Yankee, si original qu'il fût, n'insista pas, et le duel à la dynamite, pour lequel il eût été difficile, à la vérité, de trouver des témoins — et surtout un local, n'eut pas lieu.

DES HAULLES

DES HAULLES, qui a été nommé président de l'École d'escrime lorsque M. Carolus Duran a donné sa démission, est un peu comme les peuples heureux : il n'a pas d'histoire. Fuyant le monde et la pleine lumière, il est passionnément épris de quiétude et de pénombre.

C'est un sympathique, un modeste et un laborieux. Cet amour de l'effacement explique bien qu'en dépit de sa réelle force en escrime, la renommée de M. des Haulles n'ait guère franchi les limites étroites du monde de l'escrime.

Voilà pourtant quarante années que le président de l'École de la rue Saint-Marc cultive avec un véritable amour le fleuret.

Il a commencé, ce me semble, vers 1840, dans la salle d'armes que Robert possédait en plein quartier latin, rue de l'École-de-Médecine.

Depuis, il n'a guère fait d'infidélité à l'escrime qu'en faveur de la mer, son autre passion. Il passe, en effet, pour aimer beaucoup le yachting et il pourrait chanter comme le Marquis, dans les *Cloches de Corneville* :

> J'ai fait trois fois le tour du monde,
> Et les dangers font mon bonheur.

M. des Haulles est de taille moyenne et de stature puissante. Il a certainement doublé le cap de la soixantaine ; mais la pratique de l'escrime et des exercices du corps lui ont conservé, en dépit des ans et d'un aimable embonpoint, une agilité surprenante.

Le nez est busqué, le front haut et large, la barbe, qu'il porte entière, est grise. Il est chauve et myope à rendre des points à F. Sarcey et à prendre Lina Munte pour un fleuret... qui a maigri.

Cette myopie ne l'empêche pas de tirer avec un rare à-propos et de profiter du moindre jour que lui laisse son adversaire. Immense habitude d'un habile tireur !

Le plus souvent, il attend son adversaire, planté sur deux vigoureux jarrets qui lui donnent la solidité du roc pour se ménager de vigoureuses ripostes du tac-au-tac.

Parfois, au moment où son partner s'y attend le

moins, il bondit sur lui avec une furia curieuse et ne se remet en garde que lorsque l'entretien s'est terminé par un coup de bouton.

Toutes les lignes lui sont familières et il trompe le fer avec beaucoup de dextérité.

C'est, avant tout, un tireur de tête, fort habile à tendre des pièges à ses adversaires et qui s'est toujours bien défendu, même contre les premiers tireurs de ce temps.

M. des Haulles est un des rares escrimeurs qui n'ait point d'ennemis : la loyauté de son caractère, sa franchise parfois un peu brutale, sa science profonde de l'escrime sont unanimement appréciées.

E. PHÉLIPPON

PHÉLIPPON est le vrai type du gentleman farmer, bien plus épris des grandes chevauchées cynégétiques, des courses énormes à travers bois et montagnes, que des déambulations chères aux boulevardiers parisiens.

C'est un vrai sportsman amoureux du plein air et dont la robuste poitrine se dilate mal dans l'atmosphère étouffante de nos villes étriquées.

Aussi passe-t-il une bonne partie de l'année en province, dans ses terres, et c'est seulement quand il a fait provision de forces croissantes, quand il s'est bien abreuvé aux sources de la grande nature, qu'il vient s'enfermer durant quelques mois à Paris pour y dépenser son trop-plein d'oxygène et d'azote.

Là encore, il trouve le moyen de se livrer à quelques-uns de ses sports favoris : l'équitation et l'escrime absorbent alors le plus clair de son temps, histoire de conjurer la nostalgie des virils exercices.

Notre sportsman s'adonne d'autant plus volontiers à l'escrime que cet exercice violent procure à sa puissante organisation les secousses salutaires dont elle a besoin et qu'il en a été plus sevré durant son séjour en province.

Phélippon est, avec Conrad, le tireur le plus fort de la salle de la rue de la Bienfaisance.

Il a commencé à faire des armes avec l'excellent maitre Charles Ruzé, voici environ dix ans : on peut dire que c'est ce célèbre professeur qui lui mit le fleuret en main, car on ne peut guère compter les deux mois de leçon qu'il prit préalablement à Londres, à cette époque, chez Griffith.

Un goût très vif pour cet exercice joint à des moyens physiques remarquables en firent, en quelques années, un tireur redoutable. Depuis, il n'a cessé de progresser, en dépit de longues et périodiques absences — et aussi d'un grave accident de cheval qui le contraignit à un repos prolongé.

Un mois suffit à son corps toujours bien entrainé pour se remettre parfaitement en armes. Dès qu'il a reconquis sa « forme », comme on dit des chevaux de courses, — il peut lutter sans désavantage contre les premiers fleurets de nos salles d'armes.

Phélippon est taillé en Hercule. Très grand et très fort, il possède des bras et des jambes exceptionnellement organisés, servis par une grande expérience des armes.

Il excelle à surprendre son adversaire dans ses préparations par des coups droits, dégagés et une-deux aussi rapides que corrects ; si l'adversaire résiste à ses attaques, il garde la défensive, bien certain de le prendre tôt ou tard à la riposte.

Il juge bien l'attaque, pare très juste et envoie avec précision des ripostes composées dans toutes lignes.

On peut lui reprocher — défaut commun à beaucoup d'amateurs — de ne pas assez fléchir sur les jarrets et de porter la tête un peu trop en arrière.

Il pèche parfois par un excès de vigueur : en revanche, il a beaucoup de jugement, beaucoup de sang-froid et peut suivre, sans se tromper, toutes les phases d'un long assaut.

Qu'il touche ou soit touché, il sait toujours quel coup a été exécuté et même, si vous lui demandez, il vous le dira avec une parfaite bonne grâce.

Par exemple, ne recommencez pas le même coup sur lui, car il a beaucoup de mémoire et de coup d'œil, et le même piège ne le prendrait pas deux fois de suite.

Phélippon tire peu en assaut public, et on doit le regretter, car chaque fois qu'il l'a fait, il a lutté, brillamment même, contre des maîtres comme Mérignac aîné, Prévost, Breton, Boulanger, Tixier, Michon, — ou des amateurs comme MM. le capitaine Dérué, de Villeneuve et autres tireurs classés.

AMATEURS

JE n'ai pas la prétention d'avoir consacré un médaillon à tous les meilleurs escrimeurs de Paris : la tâche serait au-dessus de mes forces et nécessiterait plus d'un volume. C'est ainsi que je me suis vu contraint d'en négliger un grand nombre qui auraient mérité de figurer dans cette galerie. Mais ce qui est différé n'est pas perdu et je réparerai ces omissions dans un ouvrage postérieur consacré à l'escrime cosmopolite, et j'aurai alors le loisir de portraicturer en détail des tireurs comme MM. de l'Angle-Beaumanoir, d'Ariste, Léon Aumont, Audouin, Barthe, prince Bibesco, Brinquant, capitaine Bonini, Briguiboul, Louis, Paul et Georges de Cassagnac, Camuset, de Caters, Cristiani, Céide, Chabert, de Chauvigny, Charpillon, Chevillard, Chabrol, P. Dupont, Albert de Dion, Devillers, Delapalme, G. Duruy, Duval, Dejoux, comte Emmery, baron Fain, Franconi, Gomez, Tony Girard, Hochon, Lacroix, G. Laroze, Levallois, Édouard Lebey, Charles Le Roy, Th.

Legrand, G. Legrand, comte de Lindeman, Claude La Marche, V. Maurel, Molier, Petit, Polonini, comte Potocki, Passot, Pra, Henry et Paul Reymond, Ritter, Roll, Léon Renault, lieutenant Roux, Rigaud, Armand Silvestre, Sarlin, Sanguinetti, Sohège, Thomeguex, marquis de Valcarlos, Vavasseur, Daniel Wilson, etc., que je cite au hasard de la mémoire.

En attendant, je vais esquisser rapidement les silhouettes de quelques-uns de ces amateurs les plus assidus à la salle d'armes.

Le comte de l'Angle-Beaumanoir est surtout un tireur de tempérament. Après avoir été un attaqueur surprenant, il est devenu surtout un merveilleux pareur : nul ne prend le contre-de-quarte avec une dextérité comparable à la sienne. Son triomphe, c'est la parade par le contre-de-quarte avec riposte par le coupé-dessous. Il exécute ce coup avec une rare maîtrise. En somme, c'est un virtuose du fleuret dont la qualité dominante est la vitesee, — une vitesse électrique.

Tireur loyal et modeste, le comte de l'Angle, qui est à la tête des escrimeurs parisiens, est très recherché comme partner.

D'*Ariste* possède un sentiment exceptionnel de l'escrime. Épris de cet art si difficile, il s'est fait un jeu élégant, plein d'entrain et de grâce, que l'on aime à suivre dans ses développements savants. Il a de bonnes attaques d'allonge et surtout de brillantes ripostes et contre-ripostes par coupés dégagés.

D'Ariste est d'ailleurs depuis longtemps un tireur classé, qui a fait largement ses preuves de science et d'habileté.

Barrol est un tireur difficile, qui a le tort de « tendre » trop souvent la « perche ».

Barrol, qui a fait d'assez bons assauts avec plusieurs maîtres d'armes, pare et riposte assez bien. On le regarde comme un tireur dont le « joint » n'est pas commode à trouver. Il se sert de fleurets spéciaux, à peu près incassables, qu'il fait exécuter par l'habile armurier Rochatte.

M. Chabrol est le président du cercle d'escrime Mimiague. C'est un tireur très classique, bien placé en garde et possédant beaucoup de jugement. Pareur de premier ordre, il exécute admirablement les contres qu'il prend de pied ferme, ce qui lui permet de riposter avec précision et rapidité dans toutes les lignes.

M. Chabrol qui est, à coup sûr, un de nos premiers tireurs, est conseiller d'État et officier de la Légion d'honneur — à quarante ans. — Ce rapide avancement est légitimé par un mérite supérieur.

Ajoutons que l'élève de Bertrand est la courtoisie personnifiée.

M. Devillers est encore un des bons élèves de la salle Mimiague. C'est un attaqueur d'une vitesse redoutable et dont le coup arrive en pleine poitrine de l'adversaire, si celui-ci a eu l'imprudence de le laisser se « loger. »

Le *comte Emmery* s'est révélé récemment dans les deux grands assauts qu'il a soutenus contre Mérignac ainé comme le roi des gauchers, — côté des amateurs.

Le comte Emmery, très élégant et très effacé dans sa garde, attaque en marchant avec une grande vitesse et souvent par le redoublement. — Je préfère chez lui le pareur à l'attaqueur, quelque redoutable que soit ce dernier chez lui. Il pare à merveille par le double contre-de-quarte et riposte avec une justesse et une rapidité surprenantes.

C'est, à coup sûr, un des amateurs les plus difficiles à toucher qui soient et un de ceux qui se défendront toujours le mieux contre les trois premiers professeurs de Paris.

Le comte Emmery qui fait partie de la salle des « Mirlitons » depuis qu'il a donné sa démission d'officier d'état-major, excelle encore dans tous les sports : le cheval, le patin, le pistolet. C'est un homme de cœur et d'énergie dont le mâle visage respire la loyauté.

Gustave Laroze est considéré par Mérignac ainé comme l'amateur le plus fort de Paris. Je ne l'ai pas vu tirer assez souvent pour avoir une opinion bien nette à cet égard ; ce que je crois, c'est qu'il est actuellement l'escrimeur le plus « toucheur » que nous ayons. En tout cas, *il tire très fort*. Il a fait avec Prévost, il y a deux ans, un étonnant assaut dans lequel il a déployé une vitesse de main prodigieuse.

Laroze, qu'on considère surtout comme un tireur de tempérament à cause de ses moyens physiques exceptionnels, possède à fond la théorie de l'escrime. Nul ne peut en disserter plus savamment.

Bien qu'il soit surtout droitier, il a acquis une belle force de la main gauche et nombre d'amateurs qui s'y sont frottés ont pu s'en apercevoir.

Il est regrettable que ce tireur se tienne éloigné des assauts publics où il n'aurait pas manqué de briller au premier rang pour le plus grand plaisir des amateurs de belles armes.

Le *comte de Lindeman* possède incontestablement la main la plus fine que nous connaissions. Impossible de parer, de riposter et de contre-riposter avec plus de brio, de grâce et d'art que ce galant homme, le type du sportsman dans la belle et large acception du mot. J'ajouterai qu'il sait attaquer avec infiniment d'à-propos et prendre le temps avec une science consommée. Le comte de Lindeman n'est pas seulement un des amateurs les plus brillants de Paris, il compte sûrement parmi les trois meilleurs et les trois plus forts.

Edmond Blanc s'est mis tard à l'étude du fleuret, mais il a bien rattrapé le temps perdu. Passionné pour la science des armes, il ne s'est guère passé de jour, durant ces derniers temps, qu'il n'ait pris une consciencieuse leçon avec l'excellent maître Rouleau.

M. Blanc attaque avec fougue et ténacité ; mais je préfère le pareur chez lui à l'attaqueur. Il prend assez bien les « contres » et riposte parfois heureusement.

M. *Passot*, qui travaille depuis un an avec Hottelet à la salle d'armes de la rue Taitbout, est un tireur qui rappelle M. Tony Girard. Comme ce dernier, il a beaucoup de jugement, d'à-propos et surtout une main qui pare légèrement et riposte avec une grande rapidité.

Bien que très solidement construit, M. Passot s'est appliqué à ne point employer sa vigueur. Au fond, c'est tout le secret des armes que Grisier a dévoilé dans la jolie définition suivante : « Pour bien faire des armes, il faut mettre toute sa force à n'en pas avoir. »

Le *comte Potocki* est un exécutant classique

ayant à son actif de l'à-propos, du jugement et surtout une main exercée qui excelle à détacher la riposte avec précision.

Le comte, qui a du coup d'œil et du sang-froid, est aussi un bon tireur d'épée.

Roll n'est pas seulement un des maîtres-peintres de ce temps, c'est encore un escrimeur d'une jolie force.

Très bien doué, au point de vue physique, il possède une vigueur qui est tempérée par un jugement clairvoyant.

Attaqueur redoutable en raison de sa haute taille et de l'excellence de ses jambes, Roll est, en outre, un bon pareur-riposteur.

Henry Reymond est un des plus anciens élèves de la salle Ruzé. C'est un tireur plein de sang-froid qui attaque généralement par des coups simples envoyés vite et de loin et dont la main rapide excelle à riposter juste dans la ligne haute après la parade par le contre-de-sixte.

Quand Reymond aura acquis plus de jugement, ce sera un des meilleurs tireurs de Paris.

Armand Silvestre est un de nos bons tireurs d'épée ; la pointe bien en ligne, il est toujours prêt à prendre un temps d'arrêt sur une marche imprudente ou sur une attaque mal calculée. Il a du coup d'œil et une main très exercée qui le dispense d'avoir recours à son inépuisable esprit pour faire rire son adversaire et le désarmer.

Charles Le Roy possède un joli brin de plume à son fleuret. Qu'il s'agisse de chroniquer ou de tirer, il le fait avec la même facilité, le même brio, la même vigueur.

Aujourd'hui, comme il y a trente ans, Le Roy lance le coup de bouton avec une agilité pareille augmentée de toute son expérience de vieux tireur.

Sarlin est depuis de longues années déjà un de nos plus solides champions d'assaut public. Il a du fond et de l'expérience, il attaque très vite par des coups composés et réussit souvent de brillantes ripostes dans la ligne basse. C'est un des plus fidèles et des meilleurs élèves de la salle Mimiague.

M. *Vavasseur* est en train de devenir un de nos plus remarquables exécutants. Il en est déjà le plus classique, et quand il aura plus de rouerie avec sa merveilleuse façon d'attaquer, de parer et de riposter, ce sera un tireur vraiment parfait, digne d'être proposé comme modèle à tous ceux qui veulent faire des armes.

M. *Daniel Wilson* est un gaucher fort correct doué d'une main très fine et qui a une prédilection particulière pour les parades simples après lesquelles il envoie de jolies ripostes du tac-au-tac. M. Wilson a beaucoup de jugement; mais chez lui l'attaqueur est inférieur au pareur : le départ du pied a le tort de s'effectuer avant celui de la main.

Cette part faite à la critique, il faut reconnaître en M. Wilson un exécutant régulier avec lequel il est agréable de faire des armes.

MAITRES D'ARMES

ARDOHAIN

Honneur au doyen de l'escrime française ! (¹)

Ardohain, le « père Ardohain », comme disent ses amis, est né le 1ᵉʳ septembre 1794. Il vient donc d'entrer dans sa quatre-vingt-onzième année. A le voir travailler avec amour à la confection d'une garde ou d'un pom-

---

1. Depuis que cet ouvrage est en préparation, Ardohain est mort. Je n'ai rien à changer au croquis que j'ai fait de ce brave homme.

meau de fleuret, on le croirait tout au plus septuagénaire et septuagénaire bien conservé, encore !

Pendant que le père Ardohain me narre avec une lucidité parfaite et une mémoire prodigieuse sa longue vie tout entière consacrée au travail, je croque rapidement la silhouette de ce vétéran de l'escrime.

Il est de taille moyenne, mais solidement charpenté ; les épaules sont larges, et le thorax puissant. — La tête respire tout à la fois l'énergie et la bonté : les moustaches sont très blanches et soigneusement cirées à leur extrémité ; les yeux petits et vifs semblent pouvoir se passer de lunettes, ainsi que le témoigne, du reste, l'habitude de leur propriétaire de les remonter sur son front. L'ensemble chez Ardohain décèle le vieux soldat.

Une bonne partie de sa vie s'est, en effet, écoulée dans les camps. Ardohain s'engagea à dix-neuf ans et fit partie du fameux corps d'armée qui passa sur le ventre des Bavarois, à Hanau, en 1813. Après la chute du premier empire en 1815, il fut nommé prévost au 13ᵉ léger, en garnison à Toulouse.

C'est dans cette ville qu'il commença à pénétrer les secrets de cet art si compliqué et si difficile de l'escrime en plastronnant durant dix mois consécutifs avec le professeur Azaye — *sans faire un seul assaut*. — Excellent exemple plus facile à admirer qu'à suivre !

Ardohain devint ainsi un tireur de jugement, ne livrant rien au hasard, en dépit de sa rare vigueur.

Peu de temps après, la nomination de maître d'armes au 13ᵉ léger le récompensait de sa constance et de ses efforts. Il n'avait pas encore vingt-trois ans.

En 1828, il passa au 18ᵉ chasseurs à cheval en la même qualité, puis deux ans après au 6ᵉ lanciers où il eut comme prévôt un homme qui devait devenir lui-même une des gloires de l'escrime française : Prévost père.

Son congé obtenu, Ardohain vint à Paris où il fut successivement, pendant plusieurs années, prévôt chez Pons aîné et chez le grand Bertrand.

Après un court séjour en Belgique, Ardohain revint encore dans la salle de Pons aîné. — Il eut ensuite une salle à lui, rue Favart, n° 6, où il donna pendant une douzaine d'années des leçons très appréciées des connaisseurs.

On conçoit que, durant sa longue carrière, cet infatigable vétéran dut faire bon nombre d'assauts. C'est ainsi qu'il eut l'honneur de croiser le fer

avec presque toutes les illustrations de l'escrime :
avec le grand Bertrand, avec Daressy, avec Robert aîné, avec Lozès aîné, avec Pons, etc.

A propos de Bertrand, Ardohain nous racontait que l'illustre professeur le « roulait » comme il voulait — ce sont ses propres expressions — à la salle d'armes, tandis qu'en public Bertrand tirait avec moins de perfection, surtout au commencement de l'assaut où il ne parvenait pas toujours à dominer son émotion.

C'est à cette particularité que Lozès aîné, qui connaissait bien son adversaire, dut de prendre les trois premiers coups de bouton dans un mémorable assaut.

Mais revenons à notre modèle.

Dans son beau temps Ardohain était essentiellement un tireur de tête, plus pareur qu'attaqueur.

Sa parade favorite était la parade de seconde qu'il exécutait avec une vigueur qui produisait souvent le désarmement.

Il avait également un coup un peu entaché de romantisme, mais qu'il possédait bien et qu'il réussissait presque toujours.

Quand il avait trouvé l'épée en quarte, il opérait sur la gauche une forte pression, et touchait son adversaire dans le flanc, par une espèce de liement dans la ligne de dessous. Ce coup est une manière de riposte en flanconnade sans opposition.

Ardohain, dont la vie privée fut toute de probité et d'honneur, est un honnête homme dans toute la force du terme.

Il aurait pu prendre pour devise : « Fais ce que dois ».

Une petite anecdote à l'appui de sa tempérance et de son austérité :

Un jour des camarades parvinrent à le griser, il fut si mécontent, si honteux, de s'être oublié un instant, qu'il fit le serment de se tuer si pareille chose lui arrivait encore.

Comme Ardohain est encore, Dieu merci! bien vivant, vous pouvez en déduire qu'il ne sacrifia pas une seconde fois à Bacchus.

Un détail pour finir :

Ce Nestor de l'escrime monte admirablement les fleurets, dont chaque pièce est ciselée, pour ainsi dire, par lui-même, avec un soin jaloux.

Un fleuret sorti de ses mains devient presque une œuvre d'art. L'arme est si légère, si bien équilibrée, qu'on la sent à peine dans la main et qu'il semble qu'on tienne un fleuret magique.

Le « père Ardohain » ne manque ni d'humour, ni même de causticité, à l'occasion, en dépit de sa réelle bonté.

Un jour, qu'on parlait devant lui de différents tireurs, qu'on cataloguait ainsi : N... est un pareur, M... un attaqueur, S... est tout à la fois l'un et l'autre. — On lui demanda dans quelle catégorie il rangeait X..., un tireur qui avait la langue bien autrement déliée que le poignet :

— X... fit le père Ardohain, avec son air tranquille, ce n'est ni un pareur ni un attaqueur, c'est un blagueur !

RUZÉ (père)

Il y a trois Ruzé : celui que nous portraicturons aujourd'hui et ses deux fils, qui marchent brillamment sur les traces paternelles et auront leurs médaillons accrochés dans cette galerie, à leur tour.

Le chef de la dynastie des Ruzé est né le 4 octobre 1819. Il a donc aujourd'hui 65 ans sonnés.

Eh bien ! je vous assure que le maître a dû me montrer son extrait de naissance pour me convaincre ; attendu qu'à voir sa robuste sveltesse, sa magnifique tenue sous les armes et ses cheveux qui persistent à ne pas blanchir, Ruzé père pourrait parfaitement, sans violer la vraisemblance, dissimuler quelques cinq lustres.

Il n'y songe même pas, l'excellent professeur, et toute sa coquetterie consiste à former de bons élèves et à faire progresser sans cesse les assidus de sa salle.

Les débuts de Ruzé datent de 1840, c'est-à-dire de son entrée au service militaire. Il se mit à travailler, avec une ardeur jamais lasse, cette science de l'escrime qu'il aimait d'instinct et il fut bientôt breveté maitre à la suite de brillantes épreuves subies devant les meilleurs connaisseurs du temps.

Il enseigna durant dix-huit années au 54e régiment d'infanterie et ensuite au 1er voltigeurs de la garde les excellents principes qu'il tenait du célèbre Jean Louis et de Parise, les deux meilleurs plastrons de l'époque.

En 1866, cet infatigable luturet prit sa retraite après avoir été décoré de la médaille militaire pour ses loyaux services et, pour se reposer de ses nombreux labeurs, il fonda une salle d'armes rue de Miromesnil. Il ne tarda pas à avoir un noyau d'élèves qui alla sans cesse grossissant et qui le contraignit à transporter ses pénates rue de la Bienfaisance, 10, tout près de l'église Saint-Augustin, où il se trouve encore actuellement.

Cette salle d'armes, située au rez-de-chaussée, est une des plus coquettes, des plus claires et des plus confortables qui existent à Paris.

A côté d'un portrait à l'huile fort ressemblant

du maître de céans, on peut voir le long du mur des panoplies arrangées avec beaucoup de goût, des gravures anciennes se rapportant à l'escrime, et la grande coupe en argent ciselé et la médaille d'or remportées par Paul Ruzé, au dernier concours international de Milan, et les trophées conquis en Italie par Adolphe Ruzé à la pointe du fleuret.

N'oublions pas de mentionner un lavabo très spacieux où l'on peut se livrer à de réconfortantes ablutions, et la salle d'hydrothérapie qui est le complément indispensable de toute salle d'armes un peu sérieuse.

Ruzé père est, à coup sûr, l'un des meilleurs professeurs de Paris. Cette supériorité, il la doit à la science de l'escrime d'abord, à sa patience, à sa ténacité, à sa bienveillante sévérité, si je puis m'exprimer ainsi. Quand Ruzé donne la leçon à un élève, il la lui donne complète et ne l'abandonne que lorsqu'elle est parachevée. Il n'écoute ni ses doléances, ni ses plaintes : l'élève qui est sur la planche, en face de lui, en sortira couvert de sueur, mais avec la certitude d'un progrès accompli.

Un de nos amateurs les plus compétents disait

un jour chez Mimiague, après un assaut où Conrad avait tiré avec son élégance classique et son brio ordinaire : « Le maître qui a fait cet élève est un professeur qui possède bien son art. »

La salle Ruzé compte un grand nombre d'élèves. Citons parmi les meilleurs : MM. Phelippon, Conrad, Barthe, marquis de Valcarlos, Reille, Henry Reymond, de Chauvigny, Cristiani, dont on a pu apprécier les nombreuses qualités de tenue, d'exécution et d'acquit dans maints assauts publics.

A côté de ces anciens élèves, il est toute une pléiade de tireurs qui ont moins d'années de salle, mais qui n'en font pas moins honneur à l'enseignement de Ruzé et de ses fils.

Nommons tout d'abord : MM. Legrand frères, deux excellents attaqueurs d'allonge — Fradin, un jeune escrimeur qui pare, riposte et attaque très habilement — Rendu, un tireur très vigoureux — P. Cayrou, un tireur de tête doué d'une main exercée — comte d'Yzarn de Freissinet, un bon pareur-riposteur — marquis Milo, un exécutant plein de jugement — Sandford, un escrimeur au jeu très net, à la main vigoureuse et rapide — puis MM. Perrault, Heyman, de Païva, ces trois derniers très corrects et pleins d'avenir.

Sur le tableau qui contient les noms des élèves de la salle j'aperçois encore ceux de quelques bons tireurs : MM. le docteur Janicot, Paul Nadar, de Grainville, vicomte de Sombreuil, Chalret du Rieu, Jacquemin, Jolly, de Dorlodot, marquis de Rabar, de la Salle, de Saint-André, Alicot, baron Mariani, des Essarts, marquis de Grimaldi, Person, Diémer, vicomte de Tocqueville, Millon, docteur Gieurre, E. Poirée, L. Dubrujeaud, comte de Lariboisière.

J'allais oublier deux noms fort connus : ceux de MM. le docteur Landolt, l'éminent praticien qui fait des armes avec beaucoup de méthode et de jugement, et enfin Victor Maurel, le grand artiste lyrique, qui possède, en outre d'une superbe tenue sous les armes, une main aussi belle et aussi vigoureuse que sa voix, ce qui n'est pas peu dire.

Ruzé est supérieurement placé en garde et bien assis sur ses jambes. Il trompe l'épée avec beaucoup de finesse et d'à-propos. Il profite généralement des préparations de ses adversaires pour les surprendre par une attaque simple : un dégagement dessus précédé d'un battement en quarte.

Ses parades favorites sont le contre-de-sixte et

la parade simple en quarte suivie de riposte dans la ligne basse.

Ruzé est gaucher et très difficile.

Un des meilleurs assauts qu'il ait fournis est celui qu'il soutint à la salle Valentino, contre Roulleau, l'ancien adjudant, moniteur général à l'école de Vincennes, aujourd'hui le successeur de Pons.

Ruzé s'est défendu contre son redoutable adversaire par des une-deux coupés et des doublements d'épée en ligne basse qui ont très justement excité les applaudissements de l'assistance.

Ce vétéran de l'escrime est l'homme du devoir. Il a élevé, grâce à un labeur obstiné, une très nombreuse famille composée de cinq enfants, dont trois filles, qui donnent la leçon à merveille et feront d'excellents professeurs pour dames et jeunes filles.

Aussi Ruzé a-t-il bien mérité l'estime et l'amitié que lui ont vouées tous ceux qui le connaissent.

C'est un honnête homme dans toute la force du terme.

DE SMYTTERS

Encore un vétéran de l'escrime, toujours jeune et infatigable sur la planche, en dépit de ses soixante-douze ans sonnés.

Avant d'occuper la place de maître d'armes au 22ᵉ de ligne, de Smytters se signala par un fait d'armes qui le fit citer à l'ordre du jour de l'armée. L'amiral commandant la flotte embossée devant Anvers voulut un soir, avant de tenter une action décisive, se rendre compte lui-même de la vigilance de nos troupes; monté sur un canot d'abordage, il se dirigeait vers le rivage lorsqu'il fut tout à coup arrêté par une balle du fusilier de Smytters, de faction en cet endroit. Le canot amiral ennemi vira de bord sur-le-champ, et c'est peut-être à l'énergique vigilance du maître dont nous nous occupons aujourd'hui, que la division française dut son salut.

Il eut pour professeur Arnault, un des maîtres militaires les plus réputés du temps.

Il fréquenta assidûment les Bonnet, les Lafaugère, les Cordelois, les Daressy, avec lesquels il eut l'honneur de croiser plusieurs fois le fer.

A Paris, il professa chez Leboucher, passage des Panoramas; puis il ouvrit une salle rue Monsigny d'abord, et rue Godot-de-Mauroy ensuite, avec le concours bienveillant d'un amateur connu : M. Maufrais.

Il réunit là un groupe d'élèves dont quelques-uns se distinguent encore dans les assauts publics.

Aujourd'hui il ne donne plus de leçons que dans quelques collèges et chez Ruzé, où il s'occupe spécialement de faire travailler, avec la conscience et le zèle qui le caractérisent, M. Poupeins-Maufrais, un élève qu'il est fier d'avoir formé et qui lui a voué d'ailleurs un culte fait de reconnaissance et d'admiration.

HOTTELET

L'ANCIEN adjudant premier maître à l'École d'escrime de Joinville-le-Pont est considéré à juste titre, depuis bien longtemps, comme un des plus forts exécutants du monde des armes : c'est un des rares tireurs duquel on puisse dire qu'il n'a jamais été battu ; il a même pu rencontrer, à différentes reprises, Mérignac aîné sans désavantage et faire avec lui de splendides assauts présents encore à la mémoire de tous. Je me bornerai à citer celui du Cirque d'hiver lors de l'assaut donné au bénéfice de la famille du maître d'armes Boyer.

Hottelet est gaucher. Tireur de jugement, il est en même temps attaqueur, pareur et riposteur. Il a d'excellentes jambes, une détente puissante, et une main à la fois vigoureuse et rapide. Ses attaques, généralement simples, sont d'une vitesse foudroyante ; ses parades énergiques et sobres rebondissent sur le fer ennemi pour donner lieu à de superbes ripostes, pleines de précision et d'autorité. Son triomphe en matière de riposte, c'est celle qu'il exécute la *main renversée*, après avoir jugé l'attaque.

Jamais aucun tireur n'a possédé ce coup avec une pareille maîtrise.

En résumé, c'est un tireur remarquable, plus puissant que brillant, et qui a su tirer parti, grâce à un travail acharné, des grands moyens physiques que lui a donnés la nature.

Hottelet est né le 27 septembre 1835 ; il a donc cinquante ans sonnés ; mais il ne paraît son âge ni à la ville, ni sur la planche de la salle d'armes, où sa vigueur est proverbiale.

Incorporé au 80º de ligne en 1856, il a eu comme premier maître Mimiague, de qui il tient en partie l'excellente méthode qui en fait un de nos premiers professeurs.

Passé en 1859 au 3º régiment de grenadiers de la garde, où Manniez était premier maître, il a beaucoup travaillé et beaucoup appris avec cet excellent démonstrateur, qu'il a remplacé lorsque l'heure de la retraite a sonné pour lui.

Après la campagne de 1870, étant sans emploi

par suite du licenciement de la garde, le célèbre gaucher entra comme sergent premier maître au 70° de ligne.

Aussi, en 1873, quand fut créée l'École spéciale destinée à donner l'uniformité de l'enseignement de l'escrime dans l'armée, on songea tout de suite à Hottelet, qui y fut appelé et y professa avec éclat pendant de longues années en compagnie de MM. Rouleau, Breton et Boulanger.

Il collabora activement à l'excellente théorie qui fut adoptée par le ministre de la guerre en 1877.

Nommé adjudant professeur d'escrime en 1875, Hottelet fut admis à la retraite le 1er octobre 1884.

Décoré de la médaille d'Italie, de la médaille militaire et chevalier de la Légion d'honneur, Hottelet a de très beaux états de service. Très sympathique, très modeste, il est plein de tact et très laborieux. C'est à coup sûr un des hommes qui honorent le plus sa profession ; aussi les membres du comité du Cercle de l'escrime de la rue Taitbout furent-ils particulièrement bien inspirés de confier la direction de leur salle d'armes à ce galant homme qui est en même temps un démonstrateur de premier ordre.

Les nombreux élèves qu'il a formés dans le

cours de sa laborieuse carrière le prouvent surabondamment. Les frères Sauze ; Roig, professeur à la Flèche ; Thierriet, professeur à Londres, Calmels, Hilbert, Maré, adjudant au 13ᵉ dragons ; Pianelli, adjudant au 67ᵉ de ligne, et Lafont, l'excellent professeur du grand Cercle d'escrime de Bruxelles, — pour ne citer que ceux-là, — lui doivent la meilleure part de leur savoir-faire.

Grâce à son activité, à son dévouement et à l'excellence de sa méthode, la salle d'armes du Cercle de l'escrime compte aujourd'hui une véritable pépinière de bons tireurs, dont beaucoup ont été commencés ou transformés par lui de la façon la plus heureuse.

Parmi les meilleurs tireurs de la salle, il convient de citer en première ligne :

MM. Charles Le Roy, Passot, le capitaine Bonini, le lieutenant Roux, Roll, Paul Ritter, Lacroix, Armand Silvestre, Georges de Cassagnac, Georges Legrand, Grut, Chardin, Paul Reymond, Gervex, Alexandre Hepp, Emmanuel Arène, Charles Meyer, Fleury, Boileau, docteur Crosnier, Émile Pascal, Paul Eggly, prince Soutzo, René Marx, Arnoult, Gœlzer, Le Roy fils, Baure, de Marcy, Joubert, Roscowitz, Paul Robert, J. Malmeyde, Fajolle,

Dutou, Lajeune-Vilar, que je cite au hasard de la mémoire, et sans avoir la prétention de les classer par ordre de mérite.

Une mention spéciale est due à deux officiers de mérite : MM. Bonini et Roux, qui tirent comme des maîtres. Tous deux appartiennent à la bonne école et, tout en étant très toucheurs, ne cessent jamais d'être très corrects et de faire de belles armes.

Il en est beaucoup d'autres qui donnent déjà plus que des promesses, comme MM. Aubert, de Lavallée, Jacobson, Mariotti, Abraham Dreyfus frères, Mas, Tessonnière, Maurice Leng, de Coupray, Vincent du Claux, de la Fuente, Scalaroni, Raap, Sisto, Sauvat, Fouquier, David, Cochain, etc.

La salle d'armes de la rue Taitbout, qui est une des plus vastes, des plus confortables et des plus artistement décorées de Paris, est, une fois par semaine, le rendez-vous des excellents escrimeurs de Paris.

Les élèves les plus réputés de la salle, comme MM. le capitaine Dérué, Passot, Lacroix, le capitaine Bonini, le lieutenant Roux, Roll, Ritter, Charles Le Roy, G. de Cassagnac, Silvestre, Grut, Reymond, etc., tiennent vaillamment tête aux notabilités de l'escrime — professeurs et amateurs qui viennent souvent croiser le fer à la salle de la rue

Taitbout. MM. Alfonso de Aldama et Vavasseur, dont on connait le jeu à la fois brillant et fort, sont des plus fidèles habitués du jeudi, et leurs assauts font toujours sensation.

L'école de Joinville-le-Pont, qui a conservé la mémoire des services rendus par Hottelet, envoie aussi, chaque semaine, ses meilleurs prévôts lutter avec les assidus de la salle dont quelques-uns, comme MM. Chardin, Arnoult, Fleury, Crosnier, Gervex, font des progrès rapides.

Hottelet ne se borne pas à donner d'excellentes leçons au Cercle de l'escrime ; il y fait assaut avec tous les amateurs et professeurs qui se présentent.

Différant en cela de certains maitres d'armes qui ont toujours peur de gâter leur réputation par un mauvais assaut, Hottelet se tient à la disposition de chacun avec une bonne grâce infatigable.

On comprend que la perspective de se mesurer avec un pareil lutteur fasse reculer bien des champions. Pourtant les audacieux n'ont pas eu trop à se repentir de leur témérité, car Hottelet, qui est le meilleur des hommes, ne cherche jamais à écraser un adversaire notoirement inférieur à lui. Il fait en sorte de donner lieu à un enchainement de belles phrases d'armes, et l'on peut ainsi *causer au fleuret* avec lui. Il réserve son « grand jeu » pour les assauts publics, pour les présomptueux et pour les rares champions dignes de se mesurer avec lui.

J'ajouterai qu'Hottelet est très bien secondé à la salle d'armes par ses trois auxiliaires : Mégy, Varille et Enjalbert.

Mégy est un exécutant correct ; il possède de « l'allonge » et une main exercée qui lui permet de bien « tromper le fer ».

Quant à Varille, c'est un pareur habile ; son plastron, de belle dimension, est plus tentant qu'accessible, et il a des ripostes composées qui touchent le mieux du monde.

Enjalbert s'acquitte avec zèle de ses fonctions de prévôt et son jeu correct et fin se prête bien aux assauts classiques.

Le président d'honneur de la salle est M. Louis Andrieux, que j'ai apprécié plus haut comme escrimeur. L'autre président est Aurélien Scholl, l'homme d'esprit connu de tout Paris.

L'esprit de Scholl passe à juste titre pour piquer ferme ; c'est exactement comme son épée. Délaissant le classique fleuret, qui est surtout l'arme de la salle, il s'est appliqué uniquement à l'étude de l'épée ; aussi y est-il devenu d'une force très redoutable. Jacob l'a initié aux secrets du jeu de terrain qu'il possède bien, étant allé sur le pré un peu plus de douze fois.

Il a également travaillé avec Destrée, — un beau tireur et un bon professeur d'épée, — avec Vitale, — aujourd'hui en Amérique, — avec Frey, — un habile exécutant, l'un des bons professeurs de l'école d'escrime française de la rue St-Marc.

Scholl attaque avec une vigueur et une impétuosité qui décontenancent souvent ses adversaires. Pour moi, je préfère chez lui le pareur riposteur à l'attaqueur. Avec son solide poignet, il pare souvent très juste et envoie alors des ripostes précises et rapides. Si Scholl voulait se faire un jeu de « défensive », il serait un tireur de terrain plus redoutable encore qu'il n'est.

On le voit, la salle de la rue Taitbout possède tous les éléments pour devenir un centre d'escrime de premier ordre. Avec des amateurs comme ceux dont j'ai cité les noms et un maître comme Hottelet, elle peut rivaliser dès maintenant avec les meilleures de Paris, au point de vue de la qualité et de la quantité.

COLLIN

GRAND, blond, svelte, le type de l'officier en bourgeois avec le ruban rouge à la boutonnière, tel est l'aspect physique de Collin.

On ne lui donnerait guère plus de quarante ans, bien que ses états de service lui assurent dix années de plus.

Collin est un de nos maîtres d'armes les plus sympathiques, les plus modestes et les plus instruits.

Il s'exprime avec une bonhomie non exempte de finesse. Point médisant, très indulgent pour tous et particulièrement pour ses collègues, il ne ménage point les éloges à ceux qui sont pourvus d'un réel mérite.

Parlez-lui, par exemple, de Mimiague, son maître, ou de Ruzé père, et vous verrez tout de suite que ce n'est ni un envieux ni un détracteur.

Collin ne s'est pas ménagé au service de son pays. Marin pendant six ans, puis soldat au 90ᵉ de ligne, il passa comme caporal au 3ᵉ bataillon des grenadiers de la garde, lors de la formation de ce régiment en 1856, pour s'être distingué dans un incendie, étant de passage à Varennes, à quelques kilomètres de Montereau. Il fit la campagne d'Italie, comme sergent des grenadiers de la garde et fut du nombre de ces braves qui soutinrent si vaillamment à Magenta l'honneur de la France.

Collin s'est instruit au régiment. Il aurait pu arriver à l'épaulette, comme son plus jeune frère, capitaine en retraite, mais un penchant irrésistible le poussait vers la salle d'armes. Il entre à la garde de Paris, après la campagne d'Italie, et compte bientôt parmi les plus forts prévôts. 1870 arrive. Le soldat se réveille en lui et il s'enrôle parmi les volontaires du bataillon de la garde. Maréchal des logis et médaillé en 1871, il devient maître d'armes de la garde républicaine, passe adjudant lors de la création de cet emploi pour les plus forts maître de régiments et est presque aussitôt décoré de la Légion d'honneur. Il prend sa retraite après trente et un an de service, sept campagnes, et une citation à l'ordre du régiment.

Je n'ai pu résister au désir d'esquisser rapidement les états de service d'un aussi bon serviteur du pays, alors que je ne devrais parler que du tireur perfectionné par Mimiague, pour lequel il a la plus vive reconnaissance, car c'est à ce maître qu'il doit le fini et la correction qu'il a ajoutés à sa science. Collin possède une main d'une souplesse rare et des jarrets d'acier. Il attaque de loin et pare de pied ferme sans jamais rompre. Quoique ce jeu lui assure une belle risposte du tac-au-tac, il préfère riposter au moment où son adversaire se relève, et l'on voit alors *son fleuret* gagner progressivement jusqu'à la poitrine, en trompant le fer de l'adversaire.

Collin est essentiellement un tireur de tête, dont le jugement très prompt ne se laisse jamais prendre en défaut.

Excellent démonstrateur, il n'admet pas qu'on professe l'escrime sans l'expliquer. Il cherche les questions les plus difficiles pour pouvoir les résoudre, aussi suis-je étonné qu'il n'ait pas encore fait un traité d'escrime simple comme sa méthode. Ce talent de démonstrateur, qu'il possède si bien, lui a permis de former, outre une dizaine de bons premiers maîtres de régiment, Large, l'excellent prévôt de Mimiague, et Ayat, un maître gaucher dont la salle est très fréquentée.

Tous ses disciples ont d'ailleurs gardé pour lui la reconnaissance qu'il a vouée lui-même à Mimiague.

Le dernier assaut que Collin a fourni au Cirque d'été, contre Destrée, nous fait désirer de le voir plus souvent en assaut public, où son rare jugement et sa science profonde de l'escrime lui assureront toujours de solides succès.

Ajoutons que c'est Collin qui a été judicieusement choisi par M. Wilson pour diriger les séances d'escrime qui ont lieu, deux fois par semaine, dans la serre de l'Élysée, convertie pour la circonstance en une superbe salle d'armes.

Le Président de la République daigne, de temps à autre, honorer de sa présence ces assauts qui sont fort suivis et où bon nombre de personnalités viennent se reposer des tracas de la politique.

Collin, qui est de plus professeur au lycée Janson de Sailly, possède, rue de Penthièvre, une salle d'armes fréquentée par des amateurs choisis.

Citons parmi les meilleurs tireurs : MM. Daniel Wilson, un gaucher correct parant et ripostant fort bien; Léon Renault, un tireur très élégant et très vigoureux sur lequel on est heureux de faire assaut; L. Andrieux, prince A. de Chimay, deux exécutants pleins de brio; Léon Grévy, un amateur bien doué, plastronnant avec beaucoup de méthode; Sanguinetti, un attaqueur plein de rapidité, trompant le fer supérieurement; puis MM. Auguste Dreyfus, A. Violet, Siegfried, trois tireurs doués d'un poignet vigoureux. Ajoutons que les jeunes fils de M. Dreyfus promettent de faire, sous l'habile direction de Collin, d'excellents escrimeurs. Citons encore parmi les bons élèves de Collin : MM. Raymond Seillière, le docteur Simon Duplay, baron de Mecklembourg, comte d'Avaray, vicomte M. de Castex, comte de Maulde, Prince Rosetti, Balanesco, Cunin-Gridaine, duc de Lesparre, comte de Maugny, docteur Guerrier, Aubin, Burin des Roziers, Fouquiau, Roland Gosselin, Bamberger, de Lessen, Ricquier, d'Aubusson de Soubrebost, etc.

ROULEAU

Quand celui qu'on appelait le vieux Pons se décida à prendre sa retraite à quatre-vingts ans passés, on se demanda qui pourrait bien assumer la lourde tâche de succéder à un maître aussi éminent comme directeur de l'*Académie* d'armes de la rue des Pyramides. On jeta les yeux sur Rouleau, l'une des sommités de l'école d'escrime de Joinville-le-Pont, et les plus difficiles durent reconnaître immédiatement qu'il était impossible de faire un meilleur choix.

L'ancien adjudant de la Faisanderie possède en en effet, en outre des rares qualités professionnelles, la tenue et le tact nécessaires à l'homme appelé à vivre dans un milieu aussi aristocratique que celui de la salle d'armes de la rue des Pyramides, où Pons était parvenu à grouper les plus grands noms de France et qui a produit des hommes comme : MM. de Bazancourt, le duc de Rovigo, comte de Châteignier, le baron Delaage, etc.

Rouleau est un remarquable exécutant : avec ses qualités maîtresses de main, de finesse, de doigté, et surtout de jugement malicieux, il a brillamment lutté contre des adversaires comme Hottelet, Mérignac, Vigeant.

Comme démonstrateur, il est considéré comme un des plus habiles qui soient ; en outre de sa connaissance profonde des règles de son art, il sait à merveille tirer parti des qualités physiques de ses élèves et les guider dans le sens de leur tempérament.

Rouleau, comme son émule Hottelet, est chevalier de la Légion d'honneur ; le ruban rouge a été pour tous deux la consécration de leur maîtrise et la juste récompense de services rendus à l'enseignement de l'escrime dans l'armée.

Le président de la salle de la rue des Pyramides, est M. le duc de Rivière ; les vice-présidents sont : MM. le comte Potocki et A. Cottin. Ces trois escrimeurs jouissent d'une réputation méritée.

Parmi les meilleurs tireurs on doit citer : MM. de

Molombe, H. de Pène, E. Pochet, L. Pinaud, docteur L. Gage, J. Texier, prince Jélowicki, vicomte de Mareuil, Robert Cottin, vicomte de la Lande, prince de Caraman-Chimay, A. Gérard, Prat, comte F. de Sauvages, colonel baron de Benoist, Giobergia, commandant Coste, comte R. de Rougé.

D'autres membres de la salle, comme MM. le marquis de Compiègne, baron A. Caccamisi, baron J. de Lareinty, marquis d'Oyssonville, de Lapeyrère, comte d'Heursel, docteur Giraudeau, sans être des tireurs classés, font bien des armes.

Enfin, parmi ceux qui cultivent l'escrime depuis peu, donnant de grandes espérances, on peut nommer : MM. le comte de Montaigu, Georges Pochet, Edmond Blanc, L. Paixhans, Bossy, de Miers, Dufour, Lenepveu, Boussarogue de Lafont, etc.

Michel Bettenfeld seconde fort bien Rouleau à la salle d'armes; c'est un exécutant très fin, ayant une main excellente et beaucoup d'à-propos dans ses attaques; comme démonstrateur, il a fait ses preuves en publiant un *Traité d'Escrime*.

Rouleau, comme quelques-uns de nos maîtres

les plus renommés, donne pas mal de leçons en ville. Il va notamment chez M. Edmond Blanc, qui s'est fait aménager une très originale salle d'armes, décorée avec beaucoup de goût, dans son hôtel de la rue Dumont d'Urville. Le jeune sportsman s'est épris d'une belle passion pour l'escrime et il y déploie de grandes dispositions. Il est bien placé en garde, pare et riposte juste et attaque avec décision. Avec un maître comme Rouleau, il ne peut manquer de devenir, dans un avenir prochain, un bon tireur.

M. Blanc donne, de temps à autre, dans sa salle d'armes, des séances d'escrime fort suivies ; des tireurs célèbres, comme M. Alfonso de Aldama, par exemple, s'y mesurent avec le maître et les amis de la maison : MM. E. Arène, Sohège, Georges Legrand, comte de Dion, E. Veil-Picard, Gervex, de Marcy, tous tireurs d'épée d'une jolie force ayant fait leurs preuves sur le terrain.

Il devient, d'ailleurs, de plus en plus à la mode d'avoir sa salle d'armes à soi. Un hôtel est considéré comme incomplet aujourd'hui s'il ne comprend une pièce destinée au culte de l'escrime. MM. le comte Potocki, E. Dollfus, A. d'Ezpeleta, Osiris, Victor Maurel, prince de Talleyrand-Périgord, G. Laroze, E. Lebey, pour ne nommer que ceux-ci, possèdent aussi des salles d'armes particulières; avant peu, avec le mouvement qui s'accentue chaque jour, en faveur de l'escrime, on les comptera par dizaines.

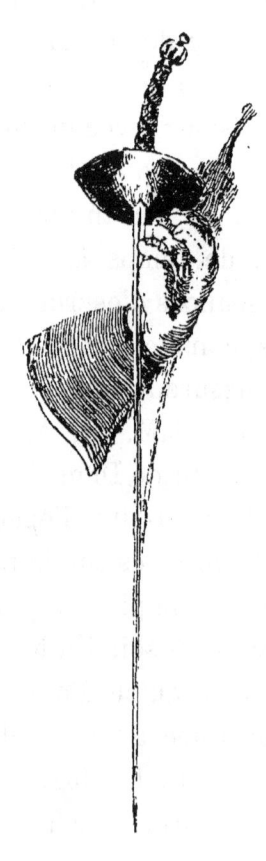

LOUIS MÉRIGNAC

MÉRIGNAC aîné est actuellement considéré comme le premier tireur du monde !

Et dire que ce maître s'est montré, dans sa prime jeunesse, rebelle à l'étude du fleuret ! C'est à la lettre. Le père dut se fâcher afin de forcer son fils à apprendre l'escrime, pour laquelle le jeune homme ressentait une antipathie voisine de l'aversion.

Croyez donc aux vocations, après cela !

Et cependant si quelqu'un a été créé et mis au monde pour faire de l'escrime, c'est bien Louis Mérignac. On peut dire qu'il est, sous ce rapport, doué à miracle, doué comme personne ne le fut jamais peut-être.

Une main, une tête, un œil, et des jambes ! des jambes surtout, qui se détendent avec la puissance d'un boulet projeté par la dynamite.

C'est le dernier mot de la puissance en armes.

Louis Mérignac, l'aîné des trois fils du maître d'armes François Mérignac, est né à Paris en 1846. Il a donc aujourd'hui quelque 39 ans. Il est de taille moyenne et tout en muscles : de graisse point, mais une maigreur de chèvre pyrénéenne.

Le visage, éclairé par deux yeux noirs, brillants, respire l'énergie avec son nez en bec de vautour. Le menton accentue cette énergie jusqu'à l'entêtement, qui est un des défauts mignons de Mérignac.

Mérignac est l'élève de son père, qui a toujours passé pour un habile professeur...... il est aussi l'élève de la nature, qui lui a tout donné au point de vue de l'escrime.

Il débuta, vers l'âge de dix-huit ans, chez Robert aîné, où son agilité, sa vitesse de main et son sang-froid furent très remarqués. Il sacrifiait, à ce moment, au goût de l'époque, qui ne dédaignait point les costumes romantiques : tout de noir habillé, des pieds à la tête, il produisit sur le public une impression étrange. On le surnomma le tireur noir.

Un amateur distingué, notre ami M. le baron d'Ariste, a pris, sous ce rapport, la succession de Mérignac. Il se déguise, lui aussi, pour tirer en public, en tireur noir ; m'est avis que ce n'est pas seulement une coquetterie d'homme élégant, c'est peut-être aussi une « roublardise » de gascon qui sait que le plastron noir est bien plus inaccessible que le blanc aux coups de bouton.

Nous retrouvons le jeune Mérignac, dont la réputation allait grandissant, au concours d'escrime qui eut lieu pendant l'Exposition de 1867. Il se mesura avec beaucoup de succès contre les principaux maîtres d'armes étrangers et notamment contre Heindebrunze, de Tours, et Gaspard, de Marseille.

Plus tard, il alla à Londres et remporta de véritables succès contre les maîtres d'armes d'Angleterre.

Un peu plus tard, il fit à la salle Herz, contre le regretté Staat, un assaut mémorable. Le carabinier de la rue Favart était un excellent homme, mais un peu grincheux, dès qu'il avait le masque sur la tête. Plus d'une fois, après avoir « passé » son svelte adversaire, il lui arriva de dire, avec son accent si drôle de Strasbourgeois mécontent :

— *Quand on est duché, on le tit !*

A cette époque, il eut l'honneur de croiser le fer avec des maîtres en renom comme Robert aîné, et des amateurs célèbres comme Antoine d'Ezpeleta.

Quoique battu par ces fleurets illustres, il ne s'en défendit pas moins brillamment, eu égard à sa jeunesse.

Il prit ensuite, vers 1868, la direction de la salle que son père, François Mérignac, avait installée rue du Helder, — tandis que celui-ci allait fonder une succursale rue Monsieur-le-Prince, en plein quartier latin. Cette salle est aujourd'hui dirigée par Émile Mérignac (frère puîné de celui que nous portraicturons), depuis le 22 juin 1881, époque à laquelle mourut le père Mérignac.

Voici la néfaste guerre 1870. Mérignac est rappelé, puis nommé premier maître au 102ᵉ régiment de ligne. Il y reste jusqu'au mois de septembre 1873, date à laquelle il prend son congé.

Depuis cette époque, il a souvent tiré en public, et sa réputation, qui n'a fait que grandir, est aujourd'hui à son zénith.

On le regarde généralement comme le tireur le plus fort qui existe actuellement.

C'est égal, je voudrais bien voir un assaut entre lui et A. d'Ezpeleta « entraîné » à point !

Quoi qu'il en soit, il a peut-être un ou deux rivaux au plus en escrime, il n'a sûrement point de maître.

Ce qui caractérise son jeu, c'est la « puissance ».

Ses coups droits et ses dégagés de l'immobilité sont le dernier mot de l'art. Impossible de déployer à la fois plus d'à-propos et de vitesse foudroyante.

« Il trompe l'épée avec une telle finesse, dit mon confrère de Saint-Albin, qu'on jurerait qu'il n'exécute que des coups droits ».

Cela est vrai, il semble *écrire* avec la pointe de son fleuret.

Ça c'est le « doigté », cette qualité si rare en escrime qui est seulement le partage de quelques grands tireurs et qui semble se perdre un peu aujourd'hui.

Ses parades sont à la hauteur de ses attaques. Il pare et riposte de toutes les façons et dans toutes les lignes, avec la même supériorité.

Il possède le « sentiment du fer » à un très haut degré, un sang-froid à toute épreuve et plus d'instinct que de jugement proprement dit.

Ajoutons qu'il sait « dérober le fer » comme personne ne l'a su et ne le saura jamais.

Je ne rappellerai que pour mémoire, — parce que personne ne les a oubliés — les admirables assauts qu'il a soutenus : contre le baron de San

Malato au *Figaro*, où il remporta un de ses plus beaux triomphes — et contre Vigeant chez M. Dollfus. Ces deux « duels » eurent dans le monde de l'escrime un immense retentissement.

Je les préfère, pour ma part, aux assauts qu'il a faits avec Hottelet au Cirque d'hiver où l'avantage a été balancé, avec Désiré Robert au Grand Hôtel et avec M. Tony Girard chez le prince A. de Chimay, quoique dans ces trois passes d'armes il ait encore, à des degrés divers, fait montre d'une maestria superbe.

La salle Mérignac, organisée en cercle d'escrime depuis quelque temps, a pour président le baron Antoine d'Ezpeleta, pour vice-présidents, MM. Gustave Laroze et Hochon, deux exécutants de premier ordre, et pour secrétaire, M. Siry, un de nos bons tireurs d'épée.

La salle de la rue Joubert comprend un grand nombre de membres; parmi les meilleurs tireurs nous citerons sans avoir la prétention de les classer :

MM. Rigault, — dont les attaques composées et les ripostes sont également remarquables; Delapalme, — un tireur de tête dont les attaques pleines de vigueur et de vitesse partent de loin;

Chevillard, — un « feinteur » de premier ordre ; le baron Louis de Caters, — un très bon exécutant dont il faut surtout louer les ripostes de quarte ; Cebron, — un de nos escrimeurs les plus corrects et les plus fins ; Anjubault, — un des bons toucheurs de Paris ; Céide, — un jeune tireur qui prend des temps et des ripostes dessous comme un maître ; Émile André, — un tireur doué de beaucoup de jugement et de vitesse qui s'occupe spécialement de questions d'escrime et qui a obtenu, au concours, le prix de la Société d'encouragement pour son étude sur le « jeu de salle et le jeu de terrain » ; Crémieux-Foa, — un gaucher aux attaques et aux ripostes pleines de vigueur ; Soupe, — dont l'excellente main est familière avec toutes les lignes ; Babé, — un lauréat de la Société d'encouragement de l'escrime, qui possède de la vigueur et de la vitesse.

N'oublions pas d'autres tireurs pleins de correction et d'avenir :

MM. de Sénéchal, Santa-Maria, Berthelin, Chapellier, Chabrié, Boussod, Reynaud, Marcou, Dolléans, Bouvelet, Guerton et Arnaud de l'Ariège.

Enfin, il serait injuste d'oublier les escrimeurs

suivants, qui, tous, font preuve de qualités dignes d'être notées :

MM. de Kergariou, Marcel Ballot, — un rapide tireur d'épée ; — docteur Poyet, de Kergall, Barbé, Lehideux, Joubert, Claude Couhin, Godillot, E. Guilloux, Simond, Bénazet, comte de Morny, Javal, Henri Robert, Aldernstein, Legrand, F. Milius, Farquhar.

Sur la liste des membres honoraires, je relève les noms suivants :

Carolus-Duran, Roulez, Edmond Magnier, Van den Abeele, Sanguinetti, Grenet, commandant Clamorgan, Allard, etc.

Mentionnons enfin les deux prévôts Denis et Midlair, qui remplissent leurs fonctions à la satisfaction générale, et le tout jeune Lucien Mérignac. qui marche sur les traces de son célèbre père.

Mérignac n'adore pas seulement son art. Il aime encore les livres, le théâtre et la musique, qu'il cultive avec goût, à ce que m'apprend mon confrère Émile André.

Par exemple, je n'ai jamais pu savoir de quel instrument il jouait.

Réflexion faite, ce doit être du piano, à cause du « doigté » et de l' « octave ».

VIGEANT

VIGEANT a été un peu brouillé avec une fraction considérable du monde de l'escrime.

A quoi cela tient-il ? A plusieurs raisons. A son humeur un peu ombrageuse, d'abord. Je le soupçonne de voir des persécuteurs et des malveillants là où il n'y en a souvent pas. A son antagonisme avec Louis Mérignac ensuite.

Là, il n'est pas le seul coupable.

Je n'ai jamais pu comprendre, pour ma part, qu'on pût opposer ces deux maîtres l'un à l'autre. Ils sont essentiellement différents.

Transportons la comparaison, en l'élevant, dans le monde des arts.

Est-ce qu'on peut mettre en parallèle Ingres et Delacroix, Donizetti et Wagner, Pradier et Rude? Non, n'est-ce pas?

Les natures, les manières, les tempéraments de ces maîtres sont tellement dissemblables qu'on ne saurait les comparer entre eux. Cela ne les empêche pas d'exister et d'avoir tous ou du génie ou du talent.

De même pour Mérignac et Vigeant qui ont, chacun dans leur genre, du talent dans la façon dont ils manient le fleuret.

Vigeant ne se destinait point à la profession de maître d'armes.

C'est le hasard encore plus que la vocation qui l'a poussé dans la voie qu'il a suivie.

Il doit bénir ce hasard auquel il doit la notoriété et la fortune. — On prétend qu'il gagne cent mille francs par an.

Après avoir fait des études assez complètes au collège de Rennes — il est Breton — Vigeant s'engagea, à la suite de revers de fortune, dans l'artillerie, et vint à Paris avec le grade de sous-officier.

Son père, élève de Jean-Louis, l'avait déjà initié à la méthode du célèbre maître auquel nous devons Ruzé père, Mimiague, Collin et tant d'autres excellents professeurs. Bonnet, un rival des Bertrand, des Lozès, des Prévost père pour lequel il avait des lettres de recommandation, mit le jeune homme en face de lui sur la planche de la salle d'armes et lui prédit le plus bel avenir s'il consentait à travailler.

L'élève piocha avec ardeur et acquit en peu de temps une très jolie force.

Après un voyage à Bordeaux, où il se perfectionna encore dans l'étude de son art, il se sentit les reins assez forts pour tâter de Paris.

Ses débuts firent sensation (1872). Il avait alors trente ans et était en pleine possession de ses moyens.

Les amateurs célèbres de l'époque le remarquèrent et le protégèrent.

A la suite de brillants assauts avec les maitres en renom, notamment avec Mimiague, il fut nommé professeur de la salle d'armes du Cercle de l'Union artistique, dont le président était le baron Gourgaud.

Quelque temps après il était nommé professeur au collège des Jésuites et le *Figaro* lui donnait la direction de sa salle d'armes.

Le jeune maitre était désormais « lancé » et même « arrivé ».

Les honneurs et les profits venaient à lui.

Vigeant est avec Prévost le maitre d'armes le plus « fashionable » de Paris.

Il s'habille avec élégance, possède un salon au deuxième étage de la rue de Rennes où il reçoit ses amis et joue du piano comme Ritter.

Le maître d'armes du *Figaro* est un « fouilleur » et un amateur de livres rares et anciens; il possède une bibliothèque de traités, de dessins et d'estampes concernant l'escrime, d'une inappréciable valeur.

Vigeant possède encore chez lui, entre autres curiosités, un portrait en pied signé Carolus Duran.

Le maître et l'élève étaient alors étroitement unis. Depuis, les relations entre eux se sont singulièrement refroidies.

Vigeant, qui connait à fond la théorie de l'escrime, passe pour être un démonstrateur hors ligne.

Comme tireur, il est un des meilleurs et des plus fins qui soient.

On n'a pas oublié la lutte qui eut lieu chez M. Edmond Dollfus, l'année dernière, entre lui et Mérignac.

Le professeur de la rue Joubert eut l'avantage — ce n'est pas niable.

Mais Vigeant livra vaillamment le combat, fit

montre de qualités de main merveilleuses, sut se faire applaudir.

Le professeur du *Figaro* possède un « doigté » et une dextérité de poignet qui lui permettent de riposter d'une façon vraiment admirable.

Les jambes ne sont pas le fort de ce maître. Il supplée à leur insuffisance par un jugement profond et par un esprit étonnamment fertile en ressources.

Au demeurant, c'est un des plus habiles exécutants de l'époque qui a eu le tort de prendre trop tôt sa retraite.

Dans ces derniers temps, il a beaucoup délaissé le fleuret pour la plume et a publié plusieurs ouvrages d'escrime. *Un maître d'armes sous la Restauration* a notamment obtenu du succès. Vigeant travaille, en outre, à deux livres qui ne manqueront pas d'exciter la curiosité générale : la *Grammaire de l'escrime*, manuel pratique du fleuret et de l'épée, et l'*Art de l'épée au XIXe siècle*. Ces deux œuvres sont attendues avec impatience par le monde de l'escrime.

JACOB

Jacob a conquis, depuis pas mal d'années déjà, une situation considérable parmi les maitres d'armes. Il a renoncé depuis longtemps au rôle ingrat et périlleux de tireur d'assaut public pour se vouer exclusivement au professorat, où il a obtenu tous les succès désirables. Il a compris, en effet, une situation de premier ordre qui lui vaut beaucoup d'envieux ; professeur au cercle de l'Escrime francaise, au lycée Saint-Louis, au lycée Monge, au Conservatoire, il compte, en outre, une clientèle en ville très importante qui raffole de son enseignement. Enfin on prétend qu'il gagne près de cent mille francs par an et qu'il a maintenant son demi-million bien à lui. On voit que les leçons d'escrime ont du bon et qu'elles nourrissent aujourd'hui amplement leur homme.

Jacob a eu le don de se concilier des amitiés précieuses dans le monde des lettres. Mon pauvre et cher ami Chapron ne résista pas jadis au désir de portraicturer (dans le journal *l'Escrime*, que je dirigeais avec Montès), le professeur auquel il avait voué une affection admirative.

Je ne puis mieux faire que d'emprunter de larges citations à ce portrait si flatteur.

Le spirituel et regretté chroniqueur de *l'Événement* nous apprend que c'est à la salle d'armes que Jacob dirigea longtemps, au 17 du faubourg Montmartre, qu'il vit pour la première fois le maitre.

Cette salle, dit-il, vaste, simple, de bon goût, était le rendez-vous du « Tout Paris » dont parlent si volontiers les gazetiers mondains. Un terrain neutre où se rencontraient les gens de lettres et les gens du monde. Jacob, dont la nature s'affina et se compléta à ce double contact, était aimé de nous tous. C'est dans cette salle du faubourg Montmartre qu'ont défilé successivement Louis et Paul de Cassagnac, Lambert-Thiboust, Gambetta, Aurélien Scholl, Hervé, Ranc, Henri Fouquier, Franconi, Henri Bocage, et tant d'autres. Jacob commençait à enseigner alors cette fameuse « leçon d'épée », leçon sévère, sobre, absolument ignorée avant lui, et qui lui a créé une position exceptionnelle parmi les professeurs d'escrime.

Il avait déjà, au moment dont je parle, une réputation de maître-consultant en matière de duel. Il arrivait même parfois que, les conditions d'une rencontre réglées, les adversaires se heurtaient la veille à la porte de Jacob. Situation *piquante*, serais-je tenté de dire, si je ne craignais de commettre un assez mauvais jeu de mot. Jacob mourra avec la conscience d'avoir, non pas arrangé, attendu que la question n'était pas de son ressort, mais rendu moins périlleux et moins fou plus d'un duel que je sais. Le « terrain » est l'élément du jeune maître. Les naïfs, j'entends de ceux qui seraient capables d'esquisser un « coupé-dégagé », l'épée à la main, n'ont qu'à s'adresser à lui. Il leur apprendra le jeu, le véritable jeu, le seul jeu du duel. Méthode en dehors de laquelle le « coup fourré » est toujours possible entre l'amateur le plus expérimenté et un éphèbe débutant dans la carrière.

Dans cet ordre d'idées, Jacob a accompli de réels miracles. Je l'ai vu, en quelques heures, dégrossir, façonner, rendre très capables de défendre leur peau, des gaillards qui n'avaient jamais saisi la différence qui existe entre une épée et une canne. Je pourrais citer bien des exemples. Il me sera permis d'en citer au moins un, et des plus probants.

Personne n'a oublié les trois duels qu'un jeune homme, M. le vicomte d'Hau..., eut à subir en moins de quinze jours : deux duels à l'épée et un duel au sabre. Fort brave, très maître de soi, mais ignorant en l'espèce comme une carpe, M. d'Hau... n'avait que rarement touché un fleuret. Quant au sabre, il le considérait volontiers comme un objet d'art, tout au plus bon à figurer dans une panoplie. Il était même tenté d'appeler cet instrument démodé un *glaive*. En cinq séances, Jacob le mit en forme. Il sortit intact de ces trois rencontres — un peu étonné, j'en jurerais.....

Cette fameuse leçon d'épée a valu à Jacob beaucoup d'ennemis; nombre de professeurs et d'amateurs lui reprochent d'avoir préparé la décadence de la véritable escrime en incitant nombre de gens à substituer à l'étude patiente et artistique du fleuret l'improvisation rapide et pratique de l'épée. De plus, ajoutent les détracteurs de Jacob, cette leçon d'épée a fait dégénérer le duel en rencontres pour rire ; une fois sur le terrain, les combattants, au lieu de se viser carrément à la poitrine, comme jadis, essayent tout bonnement de se piquer la main, « la partie qui avance le plus ». — Chapron a répondu avec beaucoup de verve à ces différents reproches. Écoutez-le plutôt :

« La leçon d'épée n'est pas du tout ce que pense un vain peuple de ferrailleurs. C'est de l'escrime, de l'escrime pure, mais avec une application particulière. Il n'y a pas deux sortes d'escrime, mais il y a deux façons de la pratiquer. Le fleuret, où un coup dans le bas-ventre ne compte pas, est une convention ; l'épée, où un coup dans le bas-ventre vous tue roide, est une réalité. Donc, il importe de ne pas manier le fleuret et l'épée de la même manière.

Dans la leçon d'épée de Jacob, les coups sont identiquement ceux qui se font dans la salle d'armes, avec cette différence capitale que les attaques ne visent jamais le corps, mais la partie la plus avancée que présente l'adversaire, la tête, la cuisse ou la main. L'attaqueur, respectueux avant tout des distances à observer, ne doit jamais exposer sa poitrine. Ce n'est qu'en ripostant lui-même qu'il peut se fendre et porter un coup au corps de l'adversaire. Riposte suivie d'une retraite immédiate. Vous sentez que je n'ai pas la prétention de vous écrire ici la leçon d'épée, je me borne à en indiquer *grosso modo* le sens et le fond ; rien de plus.

Cette leçon d'épée, a groupé autour de Jacob bon nombre d'élèves, qui ont voulu se tenir prêts à toute éventualité. Jacob a eu à cœur, par son art nouveau, d'égaliser les chances, dans la mesure du possible, entre les oisifs qui ont tout loisir de hanter les salles d'armes et les gens de travail qui ne peuvent consacrer à l'escrime que quelques instants.....

Quoi qu'il en soit de cette question discutable et discutée, il est certain que Jacob est un professeur aussi habile que courtois.

En lui donnant les palmes d'officier d'Académie, le ministre de l'instruction publique a voulu lui témoigner qu'il considérait comme excellents les services qu'il rend à la jeunesse française et aux artistes en leur donnant des leçons au lycée Saint-Louis et au Conservatoire.

L'École d'escrime française, dont il est demeuré le professeur honoraire, est un des centres les plus importants de l'escrime en France.

Située au n° 14 de la rue Saint-Marc, elle a à sa disposition une grande et belle salle avec plusieurs pièces pour les vestiaires, les lavabos et le traitement hydrothérapique.

Elle a eu successivement pour présidents : MM. le général Ney, duc d'Elchingen, Féry-d'Esclands, Carolus-Duran et enfin des Haulles, l'aimable président actuellement en exercice, qui est doublé d'un escrimeur très réputé.

Le vice-président est M. le comte Lyonne, un amateur doué d'un poignet vigoureux, tireur au pistolet de premier ordre.

Parmi les élèves les plus renommés, citons : M. Legouvé, un tireur toujours admirable, en dépit de son grand âge ; Roulez, un amateur qui attaque à « fond » et possède beaucoup de « tête » ; Vavasseur, un pareur-riposteur hors ligne, un attaqueur plein d'à-propos et un classique dont la place est retenue parmi les cinq premiers tireurs de Paris.

Franconi, un escrimeur doué d'un jeu très personnel qui roule sur les contres avec une vitesse vertigineuse et a des coups droits aussi rapides qu'imprévus.

Sohège, un tireur d'épée qui riposte très vite ; le baron Fain, une des réputations de l'escrime contemporaine ; Corthey, un amateur d'une vigueur

et d'un fond surprenants, qui fait du fleuret, de l'épée, de la boxe et des poids avec d'égales dispositions; Gaillard, un amateur exercé à tous les exercices du corps : au fleuret, à l'épée, au sabre, à la boxe, à la lutte.

Parmi les bons tireurs de la rue Saint-Marc, il me faut encore nommer : MM. Lavallée, un bon attaqueur; Pinaud, un escrimeur fort régulier; Julian, un boxeur et un lutteur de premier ordre qui manie le fleuret avec beaucoup de finesse; Louis Goupil, un tireur de jugement, G. Bérardi, un tireur au jeu classique; Arembourg, un tireur difficile; puis MM. le vicomte Clauzel, baron de Mareuil, le marquis de Sassenay, de Vibraye, Henry Houssaye, un fin tireur d'épée; Astier de la Vigerie, Borrel, Badon-Pascal, Hubert-Brierre, Maurice Bernhardt, très doué pour le jeu de terrain.

Enfin parmi les tireurs honoraires qui fréquentent le plus assidûment l'École d'escrime française, on remarque MM. Alfonso de Aldama, Gilloux et Pra père, le sympathique trésorier de la Société d'encouragement qui s'est révélé, dans différents assauts publics, tireur plein de finesse et d'expérience.

Enfin terminons ce croquis consacré à la salle

de la rue Saint-Marc en mentionnant Frey, l'un des principaux professeurs de l'École d'escrime française et qui, depuis son établissement à Paris, a fait montre de sérieuses qualités d'exécutant dans les assauts auxquels il a pris part.

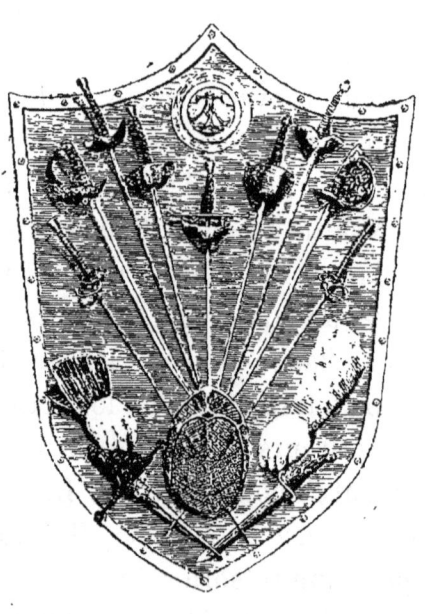

CHARLES (J.-B.)

CHARLES a eu l'heureuse idée de fonder, vers 1880, une salle d'armes au faubourg Saint-Germain. Cette salle d'armes fut bien vite fréquentée par l'élite des clubmen de cet aristocratique quartier, et Charles put transformer en un cercle d'escrime, fort bien aménagé, son *fencing school* de la rue de Bourgogne.

Élève de Spincer, premier maître au 1er régiment de carabiniers, Charles, après un noviciat obligatoire, ne tarda pas à être nommé professeur à l'École de cavalerie de Saumur, où il a laissé les meilleurs souvenirs.

Après avoir été nommé premier-maître au 7e cuirassiers, Charles fut retraité comme maréchal des logis et décoré de la médaille militaire pour ses loyaux services.

En dépit de son énorme corpulence, le professeur de la salle de la rue de Bourgogne est d'une rare activité ; c'est ainsi qu'il a tiré un peu partout, ce qui lui a permis de remporter nombre de médailles et de diplômes dans divers concours internationaux.

Comme exécutant, il possède du jugement et une bonne main fort prompte à la riposte : l'ampleur de ses formes lui rend l'attaque moins aisée, bien qu'il ne soit pas dépourvu du tout d'agilité. Aussi, en général, préfère-t-il attendre son adversaire pour lui décocher une bonne riposte.

Comme professeur, il est très aimé de ses élèves qui goûtent la clarté de son enseignement.

Le président du cercle est M. G. de Bonnegarde, et le vice-président le vicomte Robert de Rougé, deux escrimeurs pleins d'autorité.

Les meilleurs tireurs de la salle sont MM. J. Coppon Mandard, A. de Courson, Maurice de Gimel, Pierre de La Rochefoucauld, duc de la Roche Guyon, marquis A. de la Mazelière, marquis O. de Saint-Chamant, baron P. de Coubertin, comte Olivier de la Mazelière, comte Charles de Bourgoing, baron J. du Teil, prince de Croy, F. de Noailles prince de Poix, prince Rodolphe de Lucinges, comte Ch. de Diesbach, comte J. de Neuville, comte Guy de la Rochefoucauld, Louis de la

Bassetière, Jean de Lamotte, comte Étienne d'Orglandes, Henri Ferey, Pierre de Ranchicourt, comte L. de la Panouse, comte Armand de Rougé, baron J. de Varey, Daniel de la Chaussée, comte d'Hunolstein, comte d'Hinnisdal, etc.

Sur la liste des membres honoraires, je relève les noms suivants :

MM. le capitaine Dérué, E. Dollfus, L. Revel, V. Feuilherade.

On le voit, Charles possède une très brillante clientèle et une pépinière d'escrimeurs dont plusieurs pourraient figurer avec avantage dans nos assauts publics.

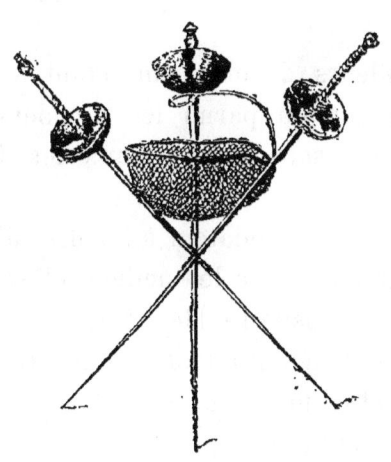

PRÉVOST

CAMILLE PRÉVOST est né en Angleterre, de parents français, le 23 octobre 1853, — il n'a donc pas encore trente-trois ans. Il faut avouer qu'il n'a pas perdu de temps, car le voici déjà célèbre et classé au premier rang de nos maitres d'armes, au double point de vue du tir et du professorat — à un âge où l'on ne possède pas encore d'habitude la plénitude de ses moyens.

Il a, d'ailleurs, de qui tenir, étant le fils d'un maitre qui compta parmi les premiers fleurets d'une époque sans rivale dans les fastes de l'escrime.

Prévost père, le fondateur à Londres d'une salle modèle, fut lui-même le meilleur élève de Bertrand — le dépositaire des traditions les plus pures de cet art admirable des armes. C'est lui qui mit le fleuret en main au jeune Camille, son fils, dès l'âge de sept ans.

Jusqu'à l'âge de quinze ans, c'est-à-dire pendant huit années consécutives, il suivit avec toute l'attention qu'elles méritaient les leçons de ce grand professeur.

Ce n'est guère qu'à douze ou treize ans qu'il fut autorisé à faire des assauts d'étude sous l'œil paternel ; un peu après, il fit des armes avec les princes d'Orléans auxquels Prévost père enseignait l'escrime : c'étaient le duc d'Aumale et son fils le duc de Guise, le comte de Paris et le duc de Chartres.

Il annonçait déjà le tireur correct, fin et brillant qu'il est devenu.

A la mort de Prévost (1869), le jeune homme, (aidé et protégé par les princes, qui avaient reporté sur le fils une partie de l'affection qu'ils avaient vouée au père), se mit à fréquenter différentes salles d'armes parisiennes et notamment celle de Robert aîné, où il allait régulièrement trois fois par semaine.

En 1871, Robert aîné, qui avait pu apprécier les grandes qualités du jeune orphelin, le prit chez lui comme premier prévôt.

L'année d'après, le cercle des Éclaireurs fut fondé avec M. Féry d'Esclands comme président de la salle d'armes et MM. le général Ney et Saucède comme vice-présidents. Sur la proposition de ces messieurs, le cercle prit Robert comme professeur et Prévost comme adjoint.

A cette époque, Prévost fit deux assauts remarqués avec Mérignac et Vigeant. Ce fut là le commencement de sa réputation.

Lorsque Robert mourut subitement, après un assaut aux Éclaireurs avec un de ses meilleurs élèves, Prévost le remplaça avec Michel pour adjoint.

Lorsque peu de temps après la salle du cercle fut fermée, l'École d'escrime française s'empressa de réclamer le jeune maître, qui retrouva là Jacob, Mérignac, G. Robert, Chazalet, Destrée, Rouy, Rue et l'excellent maître de boxe Charles Lecour.

Le 23 février 1880, le cercle de l'Union artistique se sépara de Vigeant, directeur de la salle d'armes depuis plusieurs années, pour des motifs que nous n'avons ni à rechercher ni à apprécier.

Après le départ de ce professeur, les démarches les plus pressantes furent faites auprès du Comité de l'École d'escrime française pour qu'il se décidât à céder Prévost au cercle des Mirlitons.

L'École d'escrime ne vit point partir sans regret un de ses professeurs les plus habiles et les plus consciencieux.

On voulut fêter l'avancement du jeune maître par une grande séance d'escrime qui eut lieu dans la salle des fêtes du cercle de la place Vendôme.

Prévost y fit deux splendides passes d'armes avec MM. Féry d'Esclands et Alfonso de Aldama.

A cet assaut qui fut l'un des événements de la saison prirent encore part : MM. Saucède, Chabrol, Dérué, de Borda, de Villeneuve, Polonini et les maîtres d'armes : Mérignac aîné, Michel, Ruzé, G. Robert, etc.

Depuis cette époque, Prévost est le professeur très apprécié de la salle d'armes du cercle des Mirlitons, qui comprend bon nombre des meilleurs tireurs de Paris.

C'est un professeur savant et patient, connaissant à fond la théorie et la pratique de son art.

Comme tireur, il est, sans conteste, un des trois premiers qui soient actuellement.

La caractéristique de son jeu, c'est la finesse unie à la correction la plus pure.

C'est un classique dans toute la force du terme, un tireur de haut style dont la tenue impeccable fait l'admiration de tous les connaisseurs.

Quoiqu'il fournisse souvent d'allonge des coups magnifiques, il n'a peut-être pas la puissance des attaques foudroyantes de Mérignac, mais il a plus de doigté, il n'a pas le sang-froid de son rival, mais il a plus de jugement. Enfin, s'il est moins *vite*, il est plus élégant.

Ses parades sont merveilleuses et valent celles du célèbre professeur de la rue Joubert; il a des ripostes directes et composées incomparables.

Tout le monde se rappelle les beaux assauts qu'il a fournis dans ces deux dernières années, notamment avec MM. de l'Angle-Beaumanoir, Alfonso de Aldama, Guignard, de Villeneuve, Chabrol, Désiré Robert, Ayat, Pellerin, Georges Robert, etc., etc.

Les connaisseurs désirent vivement le voir aux prises avec Mérignac aîné, persuadés qu'ils assisteront à une lutte splendide.

Au physique, Prévost est grand, svelte et brun. De grands yeux noirs éclairent une physionomie un peu sombre qui s'éclaircit bien vite à la vue d'un visage ami.

Il est très réservé et ne se livre point facilement.

Cette particularité de son caractère se retrouve dans son jeu.

A la ville comme à la salle d'armes, d'ailleurs, Prévost a une tenue fort correcte, il s'habille avec beaucoup de goût et réalise exactement le type du *gentleman-master*, comme disent les Anglais.

La salle d'armes qu'il a été appelé à diriger depuis plusieurs années est une de celles qui renferment le plus de tireurs « classés ».

Il me suffira de citer : MM. Saucède, le président d'honneur; Alfonso de Aldama, président; comte Potocki, un remarquable pareur; Gustave de Borda, vice-présidents; puis les commissaires : MM. le comte Emmery, un très élégant et très fort gaucher qui a lutté glorieusement contre Mérignac; O. Conrad, un brillant virtuose du fleuret; Émile Gillou, un tireur de tête doué d'une jolie main; du Trémoul, un amateur expérimenté.

Une mention toute spéciale est due à M. le comte de Lindemann, qui compte parmi les trois premiers tireurs qui soient actuellement. M. de Lindemann possède un jeu très fin, très classique et surtout une main merveilleuse qui lui permet de parer et riposter supérieurement dans toutes les lignes. C'est un exécutant de premier ordre dont le jeu est justement admiré.

Parmi les tireurs renommés, il convient de nommer encore : MM. Carolus-Duran, Charles Le Roy, un tireur plein de vigueur et d'expérience ; Albert Chabert, un habile pareur-riposteur ; Clairin, un gaucher vigoureux ; Drevon, un amateur très ferré sur le jeu de défensive ; Robert Cottin, un rapide attaqueur ; Roll, un exécutant plein de brio, à la main vigoureuse et très vite. MM. de Molombe, Santiago Arcos, Denisane, Albert Duval, Escalier, Maxime Fauchier, Thomeguex, méritent également d'être cités comme des tireurs d'une bonne force intéressants à divers titres.

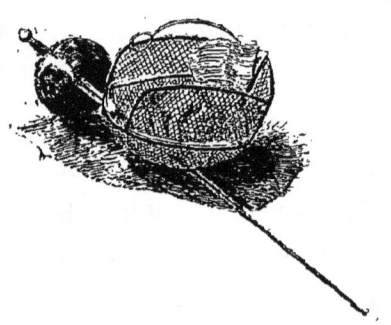

HALLER

A voir la taille droite d'Haller, et sa vigueur dans les assauts, on ne se douterait guère que le maître de la rue Favart a passé vingt-cinq ans révolus sous les drapeaux.

Haller a débuté dans la carrière au 1er régiment du génie de la garde, où il gagna les galons de caporal et fit, sur sa demande, la campagne de Crimée.

Ses chefs voulaient à toute force faire de lui un garde du génie et le pousser à l'étude des mathématiques.

Aux sciences, il préféra le fleuret. Ne riez pas ; l'escrime, elle aussi, est une science.

C'est alors qu'il entra au 1er grenadiers.

En 1859, comme on songeait à laisser les employés au dépôt, il alla trouver son colonel, M. de Bretteville, et lui demanda de partager le sort de ses camarades.

Il fit dans le même régiment la campagne de 1870.

Après la guerre il entra au 22ᵉ d'artillerie, régiment de formation nouvelle. Il ne tarda pas à s'y distinguer, comme garde magasin, par son énergique attitude pendant l'insurrection de 1871.

Aussi fit-on une exception en sa faveur et fut-il un des rares sous-officiers décorés depuis la guerre.

La salle Favart était prédestinée; il lui fallait, après Staat, un chevalier de la Légion d'honneur.

Haller est un élève du grand Jean-Louis.

Findenier et Jost furent aussi ses professeurs.

Nous n'essayerons pas d'analyser son jeu. Ce serait une tâche au-dessus de nos forces, surtout dans les corps à corps qu'il affectionne peut-être un peu trop. Mais si l'art de l'escrime consiste à embarrasser son adversaire, on peut dire qu'il y est passé maître.

Nous n'en voulons comme exemple que ses derniers assauts contre Caïn et contre Frey.

La salle de la rue Favart est assez connue des fervents du fleuret pour ne pas la décrire. Elle compte des membres réputés, tels que : MM. Henri de Pène, Molier (¹), Duval, Defly, Bergerault, Bayard, qui pourraient figurer avec éclat en assaut public.

Au reste Haller est bien secondé par son fils, un grand garçon de vingt ans, bien découplé, et qui a fait un excellent début contre le jeune Pons.

Quand il aura acquis plus de jugement, il deviendra un exécutant d'une vraie puissance.

1. M. Molier est un escrimeur très expérimenté qui possède beaucoup de vigueur et de vitesse. Il s'est défendu naguère très brillamment contre Mérignac dans un assaut qui a eu lieu dans son coquet cirque de la rue Bénouville.

AYAT

AYAT est un grand gaillard, très solidement charpenté, au teint coloré, aux grands yeux noirs éclairant un visage tout rempli de gaieté.

Bien qu'il n'émaille point ses discours de *fouchtras!* bien sentis, son aspect extérieur n'en révèle pas moins un solide enfant de l'Auvergne, — « le plus beau pays du monde », au dire de bien des gens qui s'y connaissent. — Il est né à Saint-Myon, petit village du département du Puy-de-Dôme, en 1848. Est-ce l'effet de cette date fatidique, est-ce pure vocation, toujours est-il qu'il *s'insurgea*, dès son extrême enfance, contre le *plastron* de sa nourrice qu'il criblait de coups... de bouton. On dut lui donner pour nourrice une chèvre. C'est là, sans doute, qu'il a puisé l'énergie capricante et formidable qu'il déploie dans ses assauts.

La carrière des armes le tenta.

En 1865, il s'engagea dans le 27ᵉ régiment de ligne et se fit bientôt remarquer par sa bonne conduite et... son peu d'assiduité à la salle d'armes.

Un beau jour, son professeur, le maître d'armes Collas, — aujourd'hui capitaine dans un régiment de ligne, — l'envoya réfléchir, sur la *planche* de la salle de police, aux inconvénients qu'il y avait à ne pas mordre à *celle* de la salle d'armes.

Cette punition, qui lui procura un lumbago de premier choix, lui servit de leçon : il se mit dès lors à fréquenter avec une rare assiduité la salle d'armes et ne tarda pas à faire montre de très sérieuses qualités.

Nommé caporal au mois de mai 1870 et fait prisonnier le 2 septembre après l'affaire de Sedan, il trouva le moyen de s'échapper peu de jours après, grâce à des vêtements d'ecclésiastique.

Chemin faisant il rencontra quelques vieillards, — hommes et femmes, — qui fuyaient, éperdus, devant les Prussiens, et qui, prenant au sérieux sa soutane et ses bas noirs, le supplièrent de leur donner sa bénédiction.

Le *père* Ayat les foudroya très gravement, d'un

geste crucial en pleine poitrine, non sans murmurer tout bas : « Allez au diable! »

Rentré à Lyon, il fut nommé sergent au 60° de marche, prit part à la bataille de Villersexel (Haute-Saône), livrée aux Prussiens par le général Bourbaki (9 janvier 1871).

C'est dans cette dernière affaire qu'il fut blessé au bras gauche par une balle.

Ah! si ç'avait été à la baïonnette, quels terribles moulinets Ayat eût décrits avec son fusil-sabre et que de Prussiens il eût expédiés dans l'autre monde grâce à ses formidables coups droits!

Après un internement en Suisse de 49 jours, il rentra en France, fut versé dans le 90° de ligne et prit part à la campagne contre la Commune.

Le 22 juillet 1871, nommé garde de Paris par décision ministérielle, il enseigna l'escrime sous la direction de Collin, jusqu'au mois de septembre 1875, époque à laquelle il entra comme prévôt chez Pons ainé, où il commença à se faire connaitre et apprécier.

Aujourd'hui Ayat est le professeur de l'aristocratique cercle d'escrime de la rue d'Anjou, transféré au faubourg Saint-Honoré et fondé, comme on sait, par M. Edmond Dollfus, qui en est le président très actif et l'élève le plus assidu (¹).

Citons parmi les meilleurs élèves d'Ayat : M. le comte Albert de Dion, un tireur d'épée fort redoutable, possédant du coup d'œil, de la précision et de la vitesse; puis MM. Bénardaki, qui est à la fois tireur de fleuret et tireur de pistolet; Henri Borel, Jules Hunebelle, comte de Germiny, baron de Noirmont, comte d'Ivernois, Busson-Billault, comte Fleury, Gélinard, de Pénalver, Pinto d'Aranjo, le baron Poisson.

Nommons encore MM. Ridgway, Ribon, Schultz, le prince Louis Murat, Villeroy, A. Pastré, comte de Kersaint, Coury du Rosland, de Gheest, baron Calvet-Rogniat, duc de Morny, Adelon, qui manient indifféremment le fleuret et l'épée.

1. M. Dollfus a commencé l'escrime en 1853 avec Raimondi, a fait partie de la Société d'escrime de Pons aîné, de 1859 à 1876, et est élève d'Ayat depuis 1878. Le président du cercle d'Anjou n'est pas seulement un homme d'épée très vigoureux, possédant un jeu très personnel et difficile, c'est encore et surtout un tireur de pistolet étonnant. Gastine Renette a des cartons de lui bien curieux. Au reste il a fait des questions de tir sa spécialité, et le stand qu'il vient de créer rue Copernic, 26, est très florissant. Il est le président tout désigné des sociétés de tir français fédérées.

Ayat est gaucher, comme Ruzé père, comme Hottelet.

C'est certainement un de nos plus forts tireurs.

Il possède une énergie, une vitesse, et un *fond* extraordinaires.

C'est surtout un infatigable attaqueur. Il harcèle sans relâche et sans trêve son adversaire par des battements-au-changement-coups-droits, par des coups droits, par des feintes du coup droit dégagé et par des dégagés, par des doublés-dessous qui arrivent comme des balles.

Il pare généralement par des contre-de-quarte répétés, rapides, quoique larges, et riposte vite et juste généralement dans la ligne basse.

On peut lui reprocher peut-être de déployer un peu trop de vigueur dans ses assauts.

C'est, en tout cas, un rude jouteur et à coup sûr un des plus forts « toucheurs » qui soient dans le monde de l'escrime.

PAUL RUZÉ

Paul Ruzé est l'aîné des deux fils du célèbre et excellent maître de la rue de la Bienfaisance.

Il est presque inutile de dire qu'il est l'élève de son père, lequel suivit lui-même, comme on sait, les leçons d'un des plus grands démonstrateurs de ce siècle : j'ai nommé le mulâtre Jean-Louis.

Paul Ruzé est né à Aix (Bouches-du-Rhône), le 14 février 1855. Il a donc environ trente ans.

C'est un gaillard solidement construit dont le large thorax s'appuie sur des jambes supérieurement musclées. Quant aux bras, si l'on veut avoir une idée de leur solidité, on n'a qu'à proposer à leur propriétaire une partie de boxe, et l'on appréciera bien vite tout le poids de leur détente et de leur vigueur.

Le jeune maître est un des partners les plus

assidus de nos assauts publics ; il n'a jamais, — pas plus que son frère, d'ailleurs, dont je parlerai plus loin, — refusé son concours à un collègue dans l'embarras, ou à une bonne œuvre quelconque. Il y a gagné d'être connu et apprécié de bonne heure par tous ceux qui s'occupent d'escrime.

Il a, sous les armes, une position superbe au point de vue de la plastique. On peut lui reprocher peut-être de prendre un peu trop de garde et de lever le pied droit en se fendant. Ces réserves faites, il est de toute équité de reconnaître en lui un des plus brillants tireurs de la présente génération.

Paul Ruzé est à la fois attaqueur, pareur et riposteur.

Il attaque surtout par des une-deux-dessus et dedans, par des une-deux-trois-dessous, par des battements dégagés et par le coulé dégagé qu'il exécute avec une habileté et une vitesse particulières.

Ses parades sont rapides et justes.

Il prend bien les *simples* et le contre-de-quarte après lequel il exécute souvent en riposte de magnifiques coupés-dessous.

Ses ripostes du *tac*, après la parade simple jugée, sont remarquables de précision et de vitesse.

Très difficile à toucher dans la ligne du dessus, quand on l'y attaque, on peut être assuré d'une riposte dans la ligne du dessous.

Il possède beaucoup de fond. Je l'ai vu fournir, sans fatigue, cinq assauts consécutifs. Les jambes, les bras et les poumons sont également infatigables.

Paul Ruzé n'est pas seulement un bon exécutant, c'est en outre un professeur patient, très aimé des élèves de la salle, et qui semble avoir hérité de la conscience paternelle.

Il a fait en Italie deux voyages dont le résultat a été excellent pour lui et pour l'escrime française.

Au concours international d'escrime de Milan, il remporta, l'année dernière, le premier prix décerné aux maîtres étrangers : une médaille d'or et une coupe en argent ciselé qu'on peut voir exposée dans la salle de la rue de la Bienfaisance.

En 1882, il mit à profit son passage à Turin pour croiser le fer avec les professeurs et amateurs en renom de cette ville, et un nouvel objet d'art lui fut offert en souvenir des intéressantes passes d'armes qu'il y soutint.

En 1883, un grand assaut d'armes fut organisé en son honneur à Mont-de-Marsan, où il faisait sa période de manœuvres, en qualité d'officier de réserve du 34ᵉ régiment d'infanterie de ligne.

Les journaux de la localité ne tarirent pas d'éloges sur le compte du jeune professeur.

Dessinateur habile, Paul Ruzé envoie à différents journaux de sport des illustrations très fines, en même temps qu'il orne la salle d'armes paternelle d'aquarelles et de dessins vraiment artistiques.

Le jeune maitre manie le pinceau et le crayon comme le fleuret, avec beaucoup de virtuosité.

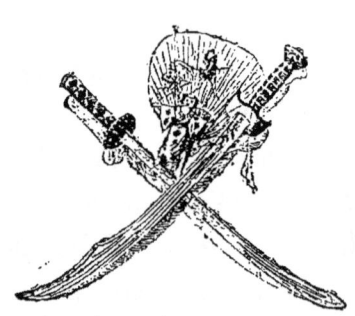

A. RÜE

CELUI qu'on a plaisamment dénommé Rüe... Saint-Georges (ce qui est une qualification flatteuse au premier chef) est depuis longtemps considéré par les connaisseurs comme un de nos exécutants les plus doués.

Sans avoir peut-être encore acquis le maximum de sa force, il possède une maîtrise indéniable et un jeu éminemment classique. Un peu plus de sang-froid en assaut public, un peu moins de *bienveillance* à l'égard de ses adversaires et ce sera tout à fait un maître.

Rüe est né à Nervieux (Loire), le 15 juin 1851. Il fut appelé en 1872 sous les drapeaux au 4e d'artillerie, en garnison à Besançon. Entré comme élève à la salle d'armes, il témoigna bientôt d'un goût très vif pour l'escrime, et en 1874, après un concours qui eut lieu dans la garnison, il fut désigné et classé comme un des meilleurs concurrents par le jury et son maître d'armes, M. Lenne.

Envoyé à l'École de Joinville-le-Pont, le 15 juin 1875, il obtint un brevet de prévôt. Il prit alors part à différents concours : le 1er janvier 1876, il remporta un 4e prix, une médaille d'argent et un brevet de maître-adjoint; le 15 juin 1876, nouveau succès : il décrocha le premier prix, une médaille d'argent et son brevet de 1er maître.

Le capitaine Dérué, qui commandait alors avec éclat l'École de Joinville-le-Pont et qui avait immédiatement reconnu ses qualités exceptionnelles, ne lui ménagea pas les encouragements, et il dut beaucoup au sympathique officier.

Son brevet de premier maître lui permit de se faire nommer maître d'armes au 65e de ligne, sur la chaude recommandation du même capitaine Dérué, qui plaida sa cause auprès du ministre de la guerre. Il professa, le 1er janvier 1877, à l'École supérieure de guerre, à l'École d'état-major et à l'École polytechnique en remplacement des maîtres d'armes civils.

Enfin, au mois d'août 1878, Rüe prit son congé et entra comme professeur à l'École d'escrime française de la rue Saint-Marc, où il donna pendant quatre années à un grand nombre de tireurs des leçons très goûtées.

Entre temps, il s'était fait connaître en prenant part, avec la meilleure volonté du monde, à tous les assauts publics où le faisaient rechercher l'aménité de son caractère et sa façon magistrale de tirer.

A la fin d'octobre 1882, Rüe a éprouvé le légitime besoin de se mettre dans ses meubles. Il a ouvert, rue Godot-de-Mauroy, n° 5, une jolie salle d'armes où sont venus le rejoindre bon nombre d'élèves.

La salle de la rue Godot-de-Mauroy s'est transformée récemment en cercle, sous la présidence de M. Édouard Lebey, qui était tout désigné pour cette délicate fonction, dont il s'acquitte à la satisfaction de tous.

La salle comprend beaucoup d'élèves dont plusieurs, sans être des tireurs classés, sont déjà d'une bonne force. Citons, par ordre alphabétique, MM. Beaumont, Félix Blain, Bellino, Barrachin, Blossier, marquis de Croix, Francisco de la Cruz, M. de Camondo, Dejust, Alexandre Duval, Lucien Delacre, docteur Després, Georges Escudier, Fillion, Édouard Fournier, Guyon, Philippe Garnier, Georges Godillot, A. Halphen, Henri Houssaye, Hadamard, docteur Hermet, C. Jeanselme, C. Jephson, Édouard Lebey, le sympathique directeur de l'*Agence Havas,* un tireur fort correct, possédant beaucoup de vitesse; Georges Lebey, Lacaille, de Lucenski, Laty, P. Lebaudy, Legrand, E. Levylier, Ménier frères, F. Meyer, de Merville, Normand, Maurice et René d'Orival, H. de Saint-Priest, Jules Ravaut, Ragon, Louis et Fernand Ravenez, Oscar et Edmond Sachs, Teillard, Thiébaut, vicomte de Vichy, comte de Vesvrotte, Weber, un bon tireur d'assaut public; Verdé-Delisle, de la Vernède.

Rüe est grand et mince, mince, mince.

Il tire suivant les sévères principes de la grande École française. Il attaque par des coups simples et de pied ferme, déployant une « allonge » peu commune.

Il « trompe » admirablement le fer, ce qui dénote, quoi qu'en disent certains amateurs, outre un doigté merveilleux, un vrai « jugement ».

Ses parades sont justes et sobres. Par exemple, il a le tort de ne pas toujours riposter — il a cependant tout ce qu'il faut pour cela.

En somme, Rüe est un de nos plus sympathiques professeurs et un de nos exécutants les plus remarquables, au talent duquel je suis heureux d'avoir à rendre justice.

HYACINTHE VIEUVILLE

ON l'appelle plus communément Hyacinthe. Ne pas confondre avec son homonyme le célèbre comédien du Palais-Royal, dont l'appendice nasal fait une concurrence si déloyale à la trompe de l'éléphant.

Hyacinthe — le nôtre — est un homme de taille moyenne, bien pris, à la figure expressive et sympathique. Une barbe jadis très noire et dans laquelle courent aujourd'hui quelques fils d'argent encadre un visage aux traits réguliers et doux.

Ce maître d'armes, contrairement à beaucoup de ses collègues, n'est point un envieux. Vous pouvez prononcer devant lui le nom d'un professeur en renom sans avoir à craindre un éreintement en règle. Nul mieux que lui ne sait rendre pleine et entière justice à ses rivaux, reconnaître leurs qualités et même les mettre en lumière.

C'est un des côtés les plus intéressants de cette

nature bienveillante. Aussi bien, Hyacinthe n'a rien à redouter des éloges décernés à certains maîtres parisiens, car c'est un des meilleurs professeurs qui soient.

Plein de conscience et de fermeté, lorsqu'il fait plastronner un élève, il n'abandonne jamais celui-ci avant qu'il n'ait pris jusqu'au bout une leçon utile, profitable et qui marque un progrès sur la leçon de la veille.

Aussi presque tous ses élèves portent-ils, pour ainsi dire, le cachet spécial de son enseignement.

Généralement doués d'une tenue correcte et classique, ils attaquent de loin et de pied ferme sans se livrer à ces contorsions et à ces simagrées si pénibles à voir chez certains tireurs dits de tempérament.

Après avoir été pendant près de dix années le prévôt très aimé d'une salle d'armes renommée, Hyacinthe a voulu être, à son tour, chez lui, et il a ouvert au n° 5 de la rue Saint-Georges, une salle qu'il a abandonnée pour une autre sise rue de la Victoire et qui est plus confortable.

Hyacinthe a bien vite formé un noyau de bons élèves qui maintiennent, dans les assauts publics, sa réputation très méritée de bon démonstrateur.

Il est d'ailleurs bien secondé dans cette délicate besogne par l'excellent prévôt Paccaud.

Citons parmi ses meilleurs élèves : MM. Polonini, un tireur de première force ; A. Petit, un fort gaucher, qui riposte supérieurement ; Charpillon, un tireur de bel avenir, qui tire « d'allonge » ; Westheimer, J. Arnaud de l'Ariège, le prince Zurlo, J. de Castro, Azema, Laurençon, Steinfeld, N. Sinadino, Del Castillo, J. Fabre, J.-Raoul Duval, Thomson, Oudin, Lefèvre, de Pontcharra, Hentz, Renouvain, etc.

Hyacinthe a, en outre, une clientèle assez importante en ville. Il donne ou a donné notamment des leçons au duc de Fernan-Nunez, au marquis de la Mina, au comte Camondo et à M. Castel Moncayo.

Ajoutons que deux amateurs, dont les noms resteront à jamais célèbres dans les annales de l'escrime : MM. Waskiewicz et A. d'Ezpeleta sont de très fidèles habitués de la salle Hyacinthe.

C'est une bonne fortune pour les jeunes tireurs de cette salle de pouvoir recevoir les conseils de ces deux grands tireurs qui possèdent à fond, tant au point de vue théorique qu'au point de vue pratique, la science des armes.

Hyacinthe a tiré souvent en assaut public et avec un certain succès.

Mais ceux qui le connaissent bien s'accordent à dire que l'émotion paralyse en partie ses moyens et qu'il y est au-dessous de lui-même.

C'est à la salle d'armes qu'il faut le juger comme tireur.

Il a une très belle tenue, attaque volontiers de pied ferme et par des coups simples, coups droits, dégagés au changement.

Il pare également bien par les simples, mieux encore par les contres et particulièrement par le contre-de-quarte.

Hyacinthe va quelquefois, dans la journée, respirer l'air devant sa porte. Il porte alors sur son chef un fez d'un rouge superbe.

Cette coiffure turque, jointe à une certaine physionomie orientale, le fait quelquefois prendre par les passants pour l'ambassadeur de la Sublime Porte.

Hyacinthe, qui est la modestie même, n'en est pas plus fier.

GEORGES ROBERT

Georges Robert a trente et un ans. Il est grand, bien bâti, avec une physionomie expressive et intelligente.

Tout le monde sait qu'il est le fils de Robert aîné, foudroyé, comme son frère Désiré, en pleine maturité et en plein talent.

Robert aîné, tout en rêvant pour son fils de brillantes destinés, eut la prévoyante sagesse de lui inculquer, dès l'enfance, le goût des armes. A huit ou neuf ans, il lui mit le fleuret à la main, dans cette petite salle du passage des Panoramas, devenue depuis l'atelier du peintre Julian et que doivent se rappeler certains vétérans du fleuret tels que MM. Legouvé, Féry d'Esclands, des Haulles.

Le jeune Georges fit ses études à l'institution Favart, où il suivait les cours du lycée Charlemagne. Bachelier ès lettres à dix-sept ans, il fut admissible à Saint-Cyr, en 1874. Comme il n'avait pas une vocation irrésistible pour la carrière militaire, il se borna à faire son volontariat en 1875 avec l'intention de s'adonner ensuite à la littérature — vocation que ses succès scolaires n'avaient fait qu'accroître.

Son entrée au régiment à Abbeville (3ᵉ chasseurs à cheval) fut marquée par un incident assez amusant.

Il avait eu à la salle d'armes une discussion assez vive avec un prévôt, à propos de je ne sais quel futile motif.

Un volontaire présent à la querelle conseilla, en plaisantant, au prévôt de se méfier, attendu qu'il serait peut-être peu prudent d'avoir une affaire avec le *fils du célèbre Robert*.

— Qui ça, Robert, fit l'ignare soldat?

— Je vous l'apprendrai prochainement, riposta le jeune Georges.

Quelques jours après, le même prévôt faisait un assaut avec son *ennemi* devant une nombreuse galerie et le *fils de Robert* avait la satisfaction de lui casser sur la poitrine *douze lames* de fleurets.

Le maître d'armes du régiment, bien connu par

son avarice, était si heureux et si fier de ce résultat, qu'il apportait lui-même au jeune homme des lames toutes neuves et non *resoudées* — contrairement aux us et coutumes — en l'encourageant à continuer ce massacre de fleurets.

A partir de ce jour, le prévôt ne manqua pas de se faire *raconter* chaque jour les exploits de Robert aîné.

Georges Robert fut brusquement arraché à son volontariat, au bout de quatre mois, par la nouvelle si inattendue de la mort de son père (18 mars 1876).

C'est alors que MM. le général Ney, Legouvé, Féry d'Esclands, Saucède eurent la généreuse pensée de fonder pour lui et sa famille l'*École d'escrime française* dont il fut nommé professeur.

Il tira pour la première fois en public, à l'assaut donné au bénéfice de ses frères, au cercle de l'Union artistique, où il eut pour adversaire Hyacinthe. Il s'acquitta de sa tâche aux applaudissements de toute l'assistance et répondit ainsi à la confiance de M. Legouvé qui, dans une allocution prononcée au début de l'assaut, l'avait présenté au monde de l'escrime.

L'École d'escrime prit bientôt un grand développement et dut s'adjoindre, en outre du jeune professeur, MM. Jacob, Mérignac et Prévost.

Un peu plus tard, G. Robert obtint de ne plus venir que trois fois par semaine professer à l'École de la rue Saint-Marc, ce qui lui permit d'ouvrir une salle d'armes rue du Helder, 14, en compagnie de son oncle Désiré Robert.

La nouvelle salle fut inaugurée le 4 juin 1880, sous la présidence du général Ney, duc d'Elchingen.

Bientôt l'École d'escrime préférant n'avoir que des professeurs entièrement libres, dut renoncer au concours de Georges Robert et de Mérignac, qui, lui aussi, avait imité l'exemple de son jeune camarade, et s'était établi de son côté.

A l'occasion de la transformation de la salle d'armes en cercle d'escrime (janvier 1881), Robert donna un magnifique assaut auquel prirent part les meilleurs fleurets de Paris.

Cette séance d'escrime fut suivie de beaucoup d'autres tout aussi intéressantes qui mirent en relief l'activité et aussi le talent du jeune maître, dont chaque assaut marqua un réel progrès.

Georges Robert est à la fois attaqueur, pareur et riposteur.

Il attaque souvent avec beaucoup d'impétuosité en marchant, faisant précéder ses attaques de battements, doubles battements et de croisés-de-seconde rapides destinés à ébranler son adversaire.

Il a une prédilection particulière pour les doublés-dessous, pour les battements coupés-sur-pointe-dessus et pour les une-deux-coupés-dessous — coups qu'il exécute avec une extrême vitesse et beaucoup de précision.

Il pare bien surtout par les contres.

Parfois il « roule » les contres-de-tierce et les contres-de-septime jusqu'à rencontre du fer et riposte alors en liant celui-ci.

L'extrême agilité de son poignet lui permet de passer d'un contre à l'autre avec une grande dextérité en barrant toutes les lignes.

Il emploie rarement l'opposition ou la parade simple. Ses ripostes n'en arrivent pas moins rapides et précises, principalement celles par le coupé-dessous après la parade par le contre-de-quarte.

Doué d'un jugement très net et habile à tendre des pièges à ses adversaires, il prend parfois le *temps* avec une précision et un à-propos qui rappellent la manière de son père.

Souvent il fait de fausses attaques pour se ménager une contre-riposte ou une deuxième contre-riposte : cela donne naissance parfois à de bonnes phrases d'armes.

On peut lui reprocher justement de trop marcher et de trop rompre, de ne pas assez attaquer d'allonge, de déployer parfois un excès de vigueur. Mais ce sont là des défauts qui s'amoindrissent chaque jour et qui disparaitront bientôt, car Georges Robert sait, mieux que personne, ce qu'il faut entendre par un jeu correct et classique. Nul doute qu'il arrive, grâce à ses moyens exceptionnels et à sa volonté intelligente, à retrancher de son jeu certains côtés entachés de *romantisme*, tels que l'abus des marches et des coupés.

PELLERIN

Un bon professeur et un modeste entre tous. On m'accordera que cette dernière qualité n'est peut-être pas celle que l'on rencontre le plus communément dans le monde de l'escrime, où chaque tireur ne pourrait, sans être taxé d'exagération, arborer à sa boutonnière l'humble et timide violette.

Au physique, Pellerin est de taille moyenne et svelte, svelte à rendre des points à Sarah-Bernhardt elle-même.

L'embonpoint — cet ennemi du maître d'armes — en épargnant ce professeur, lui a permis de conserver intactes les qualités d'agilité et de souplesse si précieuses au tireur.

Les cheveux s'en vont grand train et la calvitie à laquelle l'habitude du masque n'a certainement pas nui va s'accentuant chaque jour.

Guy Bollard ne manquerait pas d'affirmer que la *tonsure* ne messied point à un *Pellerin*... mais passons !

Voilà pour le physique. Ce physique plein de quiétude est bien en harmonie avec le moral.

Pellerin est, en effet, la douceur et la patience mêmes.

Encore deux qualités précieuses pour un maître d'armes, n'est-ce pas? Cette mansuétude cependant n'exclut pas une certaine fermeté — nécessaire, à la vérité — dans la démonstration de la leçon.

Très consciencieux, il fera plastronner l'élève une heure durant, si celui-ci a l'énergie et le *fond* suffisant pour accomplir un pareil exploit.

Très attentif à la tenue de l'élève, il rectifie sans cesse sa position, estimant très justement qu'une tenue défectueuse ne permet pas à un tireur d'acquérir le maximum de sa force.

A ce propos, il ne serait peut-être pas déplacé de faire remarquer que la position des amateurs qu'il nous est donné de voir tirer en assaut public laisse généralement à désirer.

Pourtant l'escrime est un art plastique par excellence et, en ce qui nous concerne, il nous est difficile de nous enthousiasmer pour un tireur dont la tenue n'est pas académique, quand bien même ce tireur serait un fort « toucheur. »

Pellerin — comme la majorité de ses collègues — a commencé à faire des armes à son arrivée au régiment vers 1857.

Après un séjour de quelques années au 12ᵉ régiment de chasseurs, il passa dans les chasseurs de la garde, où il fut le prévôt d'Hamel, devenu, lui aussi, professeur civil.

A sa sortie du régiment, Pellerin entra comme prévôt à la salle du passage de l'Opéra, dirigée alors par Gâtechair, chez lequel il travailla pendant cinq années.

Sa conscience et sa douceur le firent estimer des nombreux élèves qui fréquentaient cette salle.

Vers 1867, il ouvrit une salle rue Saint-Lazare, qu'il abandonna pour fonder celle qu'il occupe encore aujourd'hui rue Hippolyte-Lebas, tout près de la rue des Martyrs.

Elle se compose d'une grande pièce bien éclairée où l'on se sent bien à l'aise pour faire des armes.

Un grand lavabo et une salle de douches permettent aux amateurs d'hydrothérapie, dont le nombre va sans cesse croissant, de se livrer aux douceurs des ablutions si réconfortantes après les chaudes luttes de l'assaut.

La caractéristique du jeu de Pellerin est la finesse.

Doué d'une très jolie main et trompant bien l'épée, il s'attache bien plutôt à la qualité qu'au nombre des coups de bouton.

Sa tenue, assez académique, manque un peu d'ampleur : il est — si j'ose m'exprimer ainsi — un peu ratatiné.

Il aime beaucoup la parade de seconde et a des ripostes d'octave absolument exquises.

En somme, un vrai tireur au jeu fin, châtié et faisant toujours de belles armes.

S'il fallait trouver au jeu de ce professeur une parenté quelconque, je dirais qu'il est le cousin germain de celui de Prévost.

Pellerin a formé un certain nombre de bons élèves, dont quelques-uns ont pu figurer avec honneur en assaut public.

Citons entre autres : MM. E. Baudry, Buhour, Dauchez, A. Lévy-Bing, Mathey, Léon Borel, de Lesseps, Montjan, de Morton, Chabrillan, Peltier, de Forges, Albert Rogat, A. Roll, Adrien Lefort (¹), Maréchal, etc.

Pellerin est en outre professeur d'escrime au Cercle de la rue Volney, où il va donner des leçons trois fois par semaine.

Les meilleurs élèves de la salle sont incontestablement MM. Roll, Brun, P. de Lassus et Weil, qui composent la commission d'escrime, puis MM. Audouin, Doisteau, Maugras, Léveillé, Mollat, Pasquet de Laurvère, Rigot, Richer de Forges, Saffroy, Maigret, Princeteau, Barillot, Varéliaud, Gavarni.

Il est très bien secondé par Gaillard, aussi bon démonstrateur que remarquable exécutant.

Pellerin a également donné des leçons à Ranc, la plus fine lame du journalisme, ainsi qu'à Lullier. Ce dernier, dont on connaît la force herculéenne, avait l'habitude de tirer avec des « colichemardes » formidables, de véritables barres de fer.

---

1. Aujourd'hui Adrien Lefort fait partie de la nouvelle salle que le professeur Bardoux vient d'ouvrir rue de la Grange-Batelière. Des tireurs éprouvés comme MM. A. Dubrujeaud, Émile André, Paul Robert, patronnent le nouveau démonstrateur dont ils vantent beaucoup le consciencieux enseignement.

Lullier est loin d'avoir un jeu académique, mais son énergie farouche, sa force extraordinaire en font un des plus redoutables adversaires qu'on puisse avoir en face de soi, sur le terrain.

ADOLPHE RUZÉ

Adolphe Ruzé est, comme on sait, le deuxième fils du sympathique maître d'armes de la rue de la Bienfaisance.

Il est plus connu par les élèves de la salle sous le nom de « l'Artiste. » Cette appellation, il la doit à son joli talent de musicien — il joue de la flûte comme un petit Tafanel — et aussi à sa façon de faire des armes. Il s'éprend, en effet, de certains coups, qu'il travaille et « fignole » jusqu'à ce qu'il les possède à fond et les rend alors en *artiste*... Par exemple, si vous vous amusez à suivre son jeu, il vous fera avec son fleuret des *une-deux-doublé-dégagé* tout comme s'il avait à vous exécuter avec sa flûte les variations du *Carnaval de Venise*.

Adolphe Ruzé est né à Foix (Ariège), le 13 novembre 1857. Il a commencé à faire des armes dès l'âge de sept ans — l'âge de raison! — avec son père, qui eut beaucoup de mal à le faire mordre à l'escrime. Il préférait de beaucoup le *saut-de-mouton*, la *balle au chasseur* et les *barres*, aux coups droits et aux dégagés. Mais le papa Ruzé tint bon et le minuscule Adolphe finit par prendre goût à l'escrime à tel point qu'il provoquait ses jeunes camarades non pas à l'épée, mais « au bâton » et leur faisait des « bleus » terribles aux mains.

« L'artiste » est de petite taille, mais très bien pris. Sa physionomie expressive, éclairée par des yeux noirs très vifs, respire la douceur et ne s'assombrit que lorsque la conversation vient à tomber sur un maître d'armes hostile à la Société d'Encouragement de l'escrime. Heureusement pour Adolphe Ruzé, qui finirait par en contracter une maladie sérieuse, ce phénomène tend à disparaître chaque jour, et dans quelque temps on se montrera, comme une curiosité, les professeurs hostiles à une société qui ne leur veut que du bien.

Ruzé cadet est un de nos plus fins tireurs d'assauts publics.

Il a de petites jambes, mais il rachète cette légère imperfection de la nature par un jugement très sûr, par un à-propos surprenant et par un doigté excellent. Il attaque beaucoup, mais presque toujours au moment opportun. Ses attaques favorites sont l'une-deux dedans et dessus, en marchant, le battement en changeant d'engagement et dégagé.

Il est une tactique qui lui réussit assez souvent et qu'il a employée avec succès contre un de nos premiers amateurs lors de l'assaut donné à la salle Mimiague : il fait de petits engagements pour occuper l'adversaire et pendant ce temps il rapproche insensiblement le pied gauche du droit... Quand il s'est ainsi logé à la « muette », il se fend par le dégagé dedans qui arrive presque toujours à destination, c'est-à-dire en pleine poitrine.

Ses parades favorites sont la quarte simple et le contre-de-sixte qu'il prend en couvrant beaucoup la ligne du dessus. Ses ripostes sont excessivement rapides : il réussit également bien les ripostes du tac et les ripostes composées.

Le public le stimule singulièrement et il est bien rare qu'il ne brille point devant la « galerie »; je n'en veux pour preuve que l'assaut qu'il a soutenu naguère au Cirque d'hiver contre Rüe : les coups droits, les dégagés et une-deux trompez-le-contre se sont succédé avec une maîtrise à laquelle tous les connaisseurs ont rendu justice.

Je lui adresserai un reproche : quand on a une main aussi rapide et aussi fine que la sienne, on ne cherche pas à se *cacher derrière son bras*, comme il le fait parfois.

Ruzé cadet n'est pas seulement un tireur habile, c'est un démonstrateur très apprécié et auquel Ruzé père a inculqué, comme à son frère aîné, d'ailleurs, les grands principes de la méthode de Jean-Louis.

C'est de plus un tireur de pistolet et de carabine fort adroit, qui possède nombre de médailles attestant ses succès devant la cible. Les élèves de la salle lui ont fait don, l'année dernière, d'un fusil Martini, avec lequel il accomplit maintes prouesses. De temps à autre, il fait de petites excursions en province qui lui valent des succès sérieux : à Angers, à Évreux, au Havre, à Meaux, chez le général Rebillot, il a croisé le fer avec des maîtres renommés et partout il a su faire applaudir la finesse de son doigté, la prestesse de ses attaques et surtout son jugement plein de ressources.

La dernière fois qu'il est allé concourir en Italie, il a obtenu un plein succès, comme M. Fradin, du reste, un des meilleurs élèves de la salle de la rue de la Bienfaisance.

Tous deux ont cueilli les premières médailles et se sont vus décerner des éloges mérités par la presse italienne tout entière.

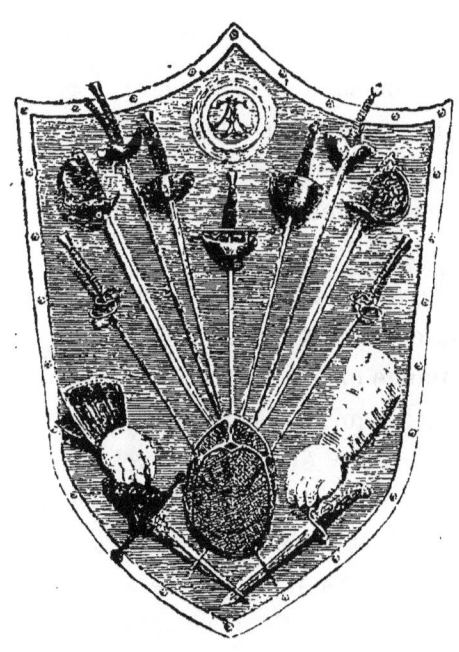

CAÏN

Caïn, a dit mon ami Ganderax, a tout l'air d'un de ces fins sous-officiers comme en comptaient, il y a vingt ans, les chasseurs de Vincennes ou les voltigeurs de la garde : nets de visage, d'uniforme et d'allures ; braves et coquets, solides et lestes. Regardez-le quand il se campe, le fleuret à la main, en face de son adversaire : de taille moyenne, mince et bien découplé, les yeux bruns et vifs, le nez aquilin, la moustache noire et luisante comme les cheveux, la bouche bien dessinée, le menton fin et ferme, toute sa personne tendue sans efforts comme un ressort d'acier modérément bandé, cambré, souple au regard, élégant sans afféterie. Caïn semble un petit coq de combat : la race est bonne, le sang est prompt; gare aux coups de bec !

C'est de l'armée, en effet, que nous est venu ce

maître. Engagé volontaire en 1859, au 17ᵉ bataillon de chasseurs à pied, Caïn est un combattant de Montebello, de Marignan, de Solférino. Il a gardé cette animation, cette crânerie, cette manière d'*astic* moral, aussi bien que matériel, de nos soldats des temps heureux.

Je parcours ses états de service : prévôt à Lyon en 1860, il a pour maître alors Biscarra lui-même, du 1ᵉʳ bataillon de chasseurs, Biscarra (faites sonner les *r*... !), un gaucher terriblement fameux dans l'armée. Puis à Toulouse, en 1864, il est reçu maître à son tour par Gingembre, — non moins fameux ! Il vient à Paris, il travaille chez Bonnet, chez Bertrand, chez Boyer, chez Pellencq, chez Mimiague, chez Robert aîné, chez Jacob ; il étudie les différentes méthodes de démonstration de ces docteurs ; — et, entre temps, il tire contre des amateurs qui se nomment Féry d'Esclands, Louis de Cassagnac, Dérué, Reuss, Tony Gérard, Des Haulles, comte Potocki, Saucède, Ezpeleta, Waskiewicz, Franconi, Roulez, etc., etc.

Ensuite la province ; en garnison à Rennes... Et bientôt la guerre, le siège de Strasbourg, la captivité... La rentrée en France. . On réorganise toutes choses : l'enseignement de l'escrime aussi bien que de la géographie. Caïn, pour sa part, ne s'occupe que de l'escrime, mais il s'en occupe bien. En 1872, il est premier maître au 103ᵉ de ligne ; il concourt brillamment pour la confirmation de ce titre à l'École normale de Joinville-le-Pont... 1873 ! Les lois militaires sont modifiées, l'esprit militaire aussi ; pour les sous-officiers de l'armée d'Italie, le régiment n'est plus le régiment... Caïn fait comme tant d'autres ; il quitte le service. Mais plus heureux que la plupart, il a une profession toute indiquée, une profession libérale et presque militaire encore, où, pour réussir, il suffit d'une excellente conduite, d'une bonne santé, de beaucoup de raison, d'énergie et de persévérance ; il réussira. Il succède à Gâtechair dans sa vieille et célèbre salle du passage de l'Opéra ; et c'est là que nous le retrouvons aujourd'hui, assisté encore des meilleurs élèves du père Gâtechair, pour l'éducation d'une génération nouvelle. Il a laissé dans les régiments plus de soixante prévôts et plus de vingt maîtres de sa façon ; si, comme j'aime à le croire, la reconnaissance n'est pas une vertu purement civile, je garantis que le nom de Caïn ne s'oubliera pas de si tôt dans l'armée.

Il a gardé, lui, de son ancien état, avec certaines qualités personnelles, comme la bonne humeur et la courtoisie, cette habitude de la discipline qui, dans les arts, s'appelle la méthode, et ce don précieux de faire le meilleur emploi d'un défaut qui vaut plusieurs vertus : l'amour-propre.

La méthode, employée à la fois avec patience et avec animation, voilà, en trois mots, le secret du mérite de Caïn professeur. Dans la leçon, rien n'égale sa persévérence, sinon son entrain. Il démontre vite, il démontre clairement et force l'élève à profiter aussitôt de ses démonstrations par une série d'exercices gradués selon les forces du sujet, selon ses aptitudes et selon le besoin du moment. Il a trouvé ce moyen de rendre la leçon si amusante qu'il s'y amuse en effet : sans rien forcer, il presse le progrès de son élève avec un intérêt passionné ; jamais il ne fait rien sans cette rigueur de scrupule qu'un bon militaire apporte en toutes choses. Il ne néglige pas dans sa salle le moindre des débutants ; il ne permet pas de se relâcher au plus consommé des tireurs. J'ai dit avec quel soin il avait étudié les procédés de démonstration des maîtres contemporains. Sans tomber dans le pédantisme ni la curiosité vains, il a demandé aux anciens un supplément d'instruction ; tel vieux livre lui a conseillé telle attaque, et telle estampe lui a *montré* telle parade.

Comme tireur, Caïn n'est apprécié encore, du moins à son juste prix, que par ceux qui ont eu le plaisir de tirer familièrement avec lui. Son amour-propre a des inquiétudes que ceux-là justement ont peine à comprendre. Ce n'est assurément méfiance ni des autres ni de lui-même, mais plutôt... comment dirai-je ? fierté ombrageuse : bref, il se tient souvent, trop souvent à l'écart des assauts publics ; il se contente de l'estime moins bruyante et plus solide qu'on acquiert chaque jour entre les murs d'une salle. A ce jeu, il manque trop d'occasions d'acquérir ce sang-froid nécessaire dans les circonstances solennelles ; il serait temps qu'il se résignât, sans perdre un grain de l'estime des véritables amateurs, à réclamer sa part de popularité. Je le dis ici hautement, pour forcer sa modestie... et au besoin son orgueil. Il ne peut que gagner, je le sais, à être mieux connu.

Caïn, pour parler familièrement, a de la tête, de l'œil, de la main et du jarret ; un jugement sain et prompt, beaucoup de raison et d'à-propos. Très fin et souple, et toujours entraîné, il a plus de détente à quarante ans que maint bon tireur de vingt-cinq. Pas un jour il ne cesse de travailler pour lui-même, comme s'il était simplement le premier de ses élèves, et celui dont le maître doit exiger le plus. Tirez avec lui : qui que vous soyez, vous avez des chances d'être battu, mais aussi la certitude de faire un bon assaut. Il sera correct et dédaignera de brouiller votre jeu. Il se découvrira parfois pour attirer votre attaque ; il l'acceptera résolument, et le plus souvent sans rompre. A son tour il vous attaquera, de pied ferme sans doute, de très loin et très vite. Ses dégagés de vitesse, ses coups droits sont merveilleux ; méfiez-vous de ses coupés dégagés en ripostes et contre-ripostes. Sa parade favorite? Contre-de-quarte et septime avec riposte de coupé en pointe volante. ….

Je n'ai rien voulu changer à cette portraicture de Louis Ganderax, dont la plume sait charmer les lecteurs de la *Revue des Deux-Mondes*, aussi bien qu'elle a su intéresser les lecteurs du journal *l'Escrime* pour lequel elle traça ces lignes.

La salle du passage de l'Opéra a vu défiler bien des tireurs entre ses quatre murs depuis 1874, époque à laquelle Caïn succéda à Gâtechair.

Actuellement elle comprend encore beaucoup

d'assidus, parmi lesquels il faut surtout mentionner : MM. Georges Duruy et le prince de Talleyrand-Périgord — deux escrimeurs renommés qu'on regrette de ne pas voir plus souvent en assaut public — puis MM. Louis Ganderax, Albert Delpit, Guy de Maupassant, baron de Vaux, l'auteur des *Hommes d'épée* et des *Tireurs au pistolet*, prince de Berghes, baron Seillière, de Trégomain, de Fresne, d'Estainville de l'Héraule, Creuzé de Latouche, prince Soutzo, prince Cantacuzène, de Marolles, comte de Solms, baron Toussaint, Lippmann, Jourdain, Volmy, Lamy, Jeanniot, Merwart, Stephen Jacob, Poilpot, Bonnet, Didelet, Creuze, Duchesnois, Fassy, de la Martinière, Hermet, de Macédo, Carvalho, Jurebourg, Guesnet, etc.

CHAZALET

Le successeur du « père Boyer » est un « jeune »; — il a, en effet, à peine trente-six ans.

C'est un de nos bons professeurs et l'un de nos tireurs d'assaut public les plus sérieux.

Il est de taille moyenne et solidement construit. Sa bonne humeur et le sourire qui anime sa physionomie expressive de bon garçon et de laborieux forment un heureux contraste avec quelques-uns de ses collègues, dont les visages renfrognés trahissent le grincheux d'une lieue.

Chazalet a commencé l'escrime avec Carrière au 5e bataillon de chasseurs à pied, où il était entré pour satisfaire à la loi de la conscription.

En peu de temps, son assiduité à la salle d'armes, jointe à ses dispositions naturelles, le firent nommer prévôt.

C'est en cette qualité qu'il passa, en 1869, au bataillon de chasseurs à pied de la garde.

En 1870, Chazalet faisait partie de l'armée de Paris et prenait part à tous les combats qui se livraient autour de la capitale. Il se touvait notamment à la meurtrière affaire du Bourget, où il se battit avec beaucoup de bravoure et où il fut assez grièvement blessé.

Après la guerre, il se remit sérieusement au travail, approfondissant l'escrime et s'entraînant par un labeur quotidien.

Ses efforts ne tardèrent pas à être récompensés. Moins de deux ans après, en 1872, il était nommé maître d'armes au 30e bataillon de chasseurs à pied, à la suite d'un brillant concours.

A sa libération du service militaire (1873) il entra comme prévôt chez le professeur Pellerin, dans la salle duquel il passa deux années, puis chez Hyacinthe, rue Saint-Georges, où il resta un an environ.

Lors de la fondation de l'École d'escrime française, Chazalet, dont on avait apprécié la conscience et le mérite, fut choisi par le comité de ce club pour un emploi de professeur qu'il conserva pendant cinq années.

Enfin, lorsque mourut Boyer, quelques élèves de la salle d'armes de la rue Taitbout proposèrent à Chazalet de prendre la succession de leur professeur. Chazalet accepta, fit l'acquisition de la vieille salle d'arme de Raimondi, qu'il dirige depuis cette époque (1880).

Nombre de célébrités de l'escrime ont passé par cette salle. Citons entre autres : le général prince de la Moskowa, Ad. Desbarolles, le prince Belgiojoso, Marsaudon, de Bondy, Dupin, Bapst, etc.

Aujourd'hui encore, elle comprend d'excellents tireurs, entre autres, M. Roulez, que j'ai portraicturé, et M. Dejoux, qui n'est pas seulement un très galant homme, sympathique à tous, mais qui est encore un exécutant de premier ordre.

Dans ses *Salles d'armes de Paris*, mon confrère A. de Saint-Albin dit que la salle Boyer « rappelle ces anciens appartements qu'on ornait sobrement avant l'invention des gros loyers et qui, depuis, n'ont subi aucune modification : les pièces modestes d'autrefois n'ont pas été augmentées, le même concierge a blanchi sous le même cordon, les locataires n'ont pas changé.

« Ainsi chez Boyer on tire en famille ; jamais, pour ainsi dire, on n'aperçoit un nouveau visage. Quand, par hasard, un étranger pénètre dans la salle, les fleurets s'abaissent, les tireurs se redressent, s'interrogent avec inquiétude et examinent curieusement le nouveau venu... »

Depuis quelque temps, la salle Chazalet s'est transférée dans une belle pièce au rez-de-chaussée de la rue de la Chaussée-d'Antin, 23.

Parmi les plus remarquables tireurs il convient de citer en première ligne M. Dejoux, un tireur de la grande école, dont le jugement et la main excellente font merveille en assaut ; — MM. Gattier et Potel, deux attaqueurs pleins de vigueur et de vitesse ; — M. Albert Garnier, un escrimeur au jugement très sûr, à la main fine ; — Rigaud, un exécutant d'une vigueur étonnante, qui « touche » fréquemment.

Parmi les tout jeunes tireurs qui donnent plus que de l'espérance, nommons, tout d'abord, MM. Albert et Jules Pra, deux escrimeurs extrêmement bien doués, qui possèdent à la fois vigueur et correction ; — Levallois, un de nos jolis exécutants d'assaut public ; puis les trois frères Breitmeyer (Paul, Georges et André), dont les qualités diverses font bien augurer pour leur avenir d'escrimeurs.

Parmi les assidus de la salle de la Chaussée-d'Antin, nommons encore : MM. Lugol, Jollibois fils, Leprévost de Launay, Georges Odier, Alexiadès, Merlin, Rebon, Cardozot, Guillaumet, Hernandez, etc.

Les deux prévôts de la salle, Fichot et Monraisin, ont pris part avec succès à plusieurs assauts publics.

J'ai dit que Chazalet était un bon démonstrateur : les succès obtenus par quelques jeunes gens, ses élèves, aux concours annuels de l'École d'escrime française et de la Société d'encouragement de l'escrime, le prouvent amplement.

C'est de plus un excellent tireur, à la fois correct, énergique et rapide.

Il prend volontiers l'offensive et attaque généralement par des une-deux et une-deux-trois précédés de battements.

Il a du jugement et réussit quelquefois très bien le *temps*.

Il pare et riposte juste dans toutes les lignes, prend des parades simples avec beaucoup de sobriété, sans s'écarter à droite ou à gauche. Nous lui avons vu réussir plusieurs ripostes en *sixte liée* vraiment magistrales.

En somme, c'est un tireur élégant et classique justement recherché comme partner dans les assauts publics.

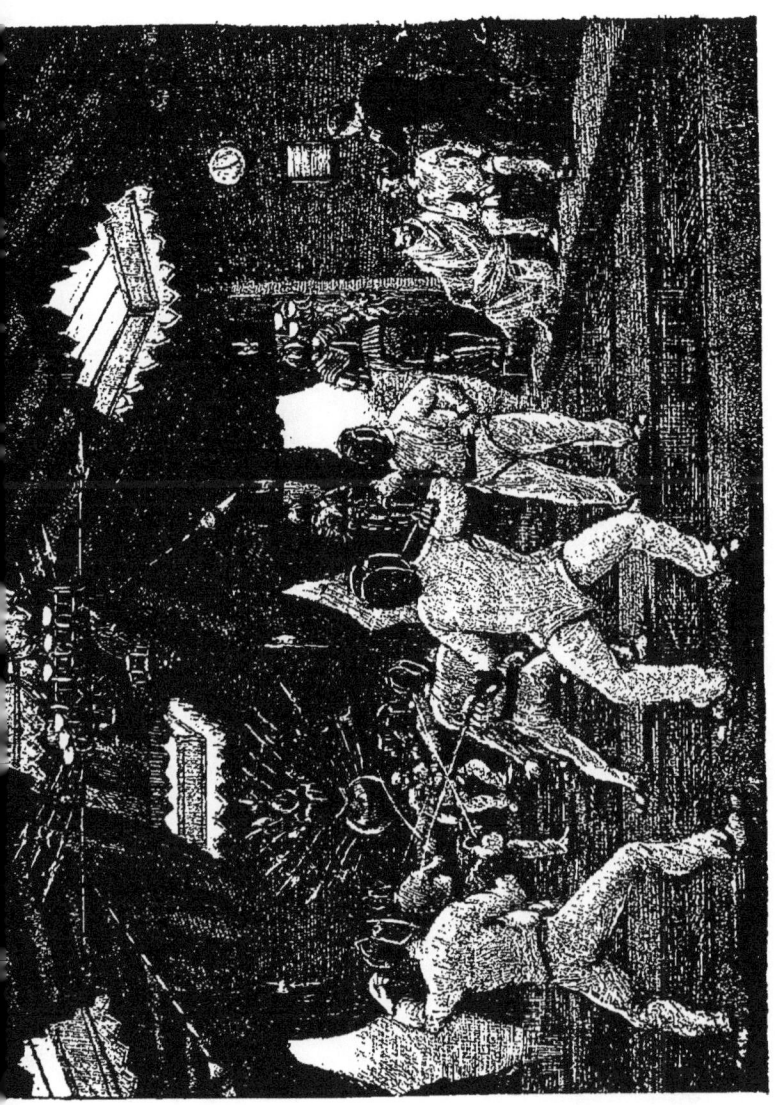

FOSSE

Fosse et Gâtechair peuvent se vanter d'avoir deux noms, expressifs et bien appropriés — pour le vulgaire seulement, s'entend — à leur profession.

En dépit de son nom funèbre, Fosse n'a rien de rébarbatif.

C'est un grand et bel homme, taillé en force et bien proportionné.

Une tête de soldat expressive et franche, ponctuée de grandes moustaches et d'une longue barbiche blanche, s'appuie sur de larges et puissantes épaules.

Fosse est sexagénaire ; mais je vous prie de croire qu'il ne ferait pas bon de se frotter à ses biceps, toujours aussi vigoureux que lorsqu'il fit ses premiers débuts, en 1842, au 8ᵉ dragons. Il eut pour maître d'armes, à ce régiment, un homme qui connaissait à fond son art : j'ai nommé Leroi, qui ne s'en tint pas à son simple grade de maréchal des logis, travailla ferme, devint officier et mourut capitaine de cuirassiers.

Les dispositions de l'élève de Leroi étaient si grandes, qu'il ne tarda pas à passer maître d'armes au 1er lanciers, à la suite d'un concours où il obtint d'emblée la première place.

Il resta attaché à ce régiment jusqu'en 1857, époque à laquelle il passa au 2e cuirassiers de la garde. En 1866, il fut nommé maître aux guides, où il fut retraité comme maréchal des logis.

Trois ans après, Fosse prit la salle du célèbre Bonnet, rue Ventadour.

L'ex-maître d'armes aux guides ne parle qu'avec une vive admiration de son prédécesseur. — A tous les points de vue, nous comprenons qu'il en soit coiffé. — C'était un des plus beaux tireurs qu'on pût voir.

Calme, froid, ultra-classique, le grand gaucher trompait l'épée avec une finesse et une dextérité magiques.

Il commençait par poser légèrement le bouton

sur la poitrine de son adversaire, puis, si ce dernier avait la « veste un peu dure », et niait le coup, il n'insistait pas : le coup suivant arrivait encore en pleine poitrine, seulement « le maître faisait tableau », il laissait le fer dans la blessure.....

En 1873, Fosse transporta ses pénates rue de la Chaussée-d'Antin, puis, en 1878, rue de Berlin, 35, dans une petite salle où il est encore actuellement.

Fosse est un tireur doué d'une rare vigueur, ce qui ne veut pas dire qu'il soit dépourvu de jugement. Bien au contraire, il s'entend très bien à tendre des pièges dans lesquels des adversaires, même habiles, sont parfois tombés.

Son partner habituel dans les assauts était ce pauvre Staat, — mort récemment, — avec lequel, d'ailleurs, il avait plusieurs points de ressemblance.

Rien n'était curieux, comme de voir cette paire de géants aux prises, passionnés tous deux et oubliant de compter les coups de bouton dans la chaleur de la lutte ; Fosse « grimaçant de temps à autre un sourire, tandis que Staat accentuait encore la sévérité de son visage ».

Fosse a tiré encore avec Berrier, avec Grisier, avec Gâtechair et avec Robert aîné, avec lequel il a fait un brillant assaut, à Bordeaux, en 1857. A la merveilleuse vitesse et aux ripostes foudroyantes de Robert, il sut opposer de rapides coupés dégagés et des contres-de-quarte coupés dessous — ses coups favoris — qui furent très applaudis.

En 1873, il eut avec le jeune maître Vigeant une passe d'armes remarquée.

Il combattit son habile adversaire par le fond, par le souffle, par les poumons. — Vigeant haletait, Fosse en profita pour le charger avec plus de vigueur.

Il y eut de beaux coups de part et d'autre ; du côté de Fosse, des coupés dessus, des remises avec opposition très réussies ; du côté de Vigeant, des *temps* superbes et des ripostes admirables...

Rappelons enfin, pour terminer, que c'est Fosse qui écrivit, jadis, une lettre au *Paris-Journal*, pour prévenir publiquement le baron de San Malato qu'il tirerait volontiers avec lui, si le cœur lui en disait.

Il paraît que le tireur italien déclina cette proposition.

Les Siciliens sont superstitieux et il se peut que le nom de Fosse lui ait semblé d'un mauvais présage.

LOUIS VERDET

Louis Verdet est professeur de la vaste salle d'armes que M. Heiser, successeur de Paz, a fait aménager avec tant de confort dans une des ailes du grand gymnase de la rue des Martyrs.

Verdet a commencé ses premières armes au 1er régiment du génie, en 1849, sous la direction de Hug, un maître d'armes célèbre de l'époque, qui a eu entre les mains les Sauvaire, les Saintoyan, les Guinot, les Duffetel, les Delplanque, etc. Il a donc été à bonne école; il a eu, enfin, la bonne fortune, tout comme l'excellent maître Ruzé, d'approcher l'illustre Jean Louis, — le plus grand démonstrateur de l'époque — et de recevoir ses précieux conseils.

Passé dans la garde de Paris, Verdet, durant les quinze années qu'il passa dans ce corps d'élite, ne cessa de se perfectionner dans l'art de l'escrime, sous la direction de M. d'Aubray, d'abord, puis de Collin.

Plus tard, comme prévôt à la salle Caïn, puis à la salle Hyacinthe, il s'est révélé tireur de mérite.

Verdet professe depuis 1878 à la salle d'armes du gymnase Heiser.

Il y a formé ou perfectionné beaucoup d'élèves et sa leçon, qui procède directement de celle de Jean-Louis, y est fort appréciée.

Il est incontestable que si cette leçon était enseignée partout dans sa sévère application, nous n'aurions que des tireurs corrects au lieu des tireurs désunis et fantaisistes que nous voyons trop souvent dans les assauts publics.

Dans cette leçon, les mouvements doivent être exécutés sans précipitation ni saccades, avec tout le moelleux possible, le bras s'allongeant graduellement dans toute sa longueur et précédant toujours le départ du pied. — C'est en observant rigoureusement ces principes que la tête arrive à présider et à commander à l'instant à tous les mouvements du corps qui sont alors pleins d'harmonie et de rapidité au lieu d'être décousus et pleins de gaucherie.

Dans son enseignement, Verdet ne cesse de prôner ces principes salutaires.

Parmi les meilleurs tireurs de la salle Heiser, il convient d'en citer, tout d'abord, deux :

M. Cocquelet père, — le plus ancien tireur de la salle, qui a du brio dans l'attaque et d'excellentes parades-ripostes; et Claude La Marche, — un tireur d'infiniment de jugement, prompt à l'attaque et au redoublement, comme la main vite et sévère est prompte à la rispote, — auteur d'un remarquable et intéressant *Traité de l'Épée*, illustré par Marius Roy.

Viennent ensuite : MM. Gaston Floret, Jules Lallier, Horace Herwegh, Radin, Ricardo Ortiz de Zevallos, Ch. Serment, Georges Mottu, Chancel, Cuvillier, tous tireurs possédant une bonne force d'escrimeurs.

Une mention spéciale est due à M. Marpon, qui, à force d'éditer des ouvrages d'escrime et de duel, s'est épris d'une belle passion pour la noble science. Il est devenu un tireur vigoureux attaquant avec à-propos et ripostant parfois très heureusement du tac-au-tac.

Coquelin cadet s'est mis aussi à tirer ferme le fleuret; il s'est fait un jeu correct et assez toucheur. Au reste, Cadet est un malin et quand il ne peut vous toucher aussi souvent qu'il le désire, il remplace le coup de bouton par un mot drôle. L'adversaire rit, — est désarmé, par conséquent, — et Cadet en profite pour lui allonger un formidable coup droit en pleine rate.

On peut encore citer parmi les bons élèves de la salle : MM. Leker, Mottu père, Paul Lejeune, Maxime Paz, docteur Latty, Renard, Brasseau, Léon Bienvenu, Marchal, Terrier, docteur Laburthe, Camus, docteur Gouverné, Boivin, Meissonnier, Léon Cocquelet, Marius Roy, C. Beraud, Schwab, Bruhl frères, Zadock-Kahn frères, Hardouin, Blumenthal, Constant Heiser, directeur de l'établissement, Delombre, rédacteur au *Temps*, le Dr de Saint-Germain aîné et ses fils, Dalloz, Berthier, Collet, docteur Hervé, Michel, rédacteur au *Siècle*, et nombre de commençants qui donnent déjà plus que des espérances.

On voit que Verdet a de quoi faire avec un aussi grand nombre d'élèves. Il est, d'ailleurs, laborieux, actif et modeste : trois qualités qui ont contribué à faire aimer et estimer de tous cet habile professeur. Il est d'ailleurs bien secondé par Mercier un des meilleurs élèves de l'école de Joinville, qui sort du 45e de ligne.

LAMIN

Tout le monde, dans l'armée, connaît l'adjudant Lamin, premier maître à Saint-Cyr.

C'est une des physionomies les plus sympathiques du *vieux bahut*, et nos plus brillants officiers ont été ses élèves.

Aucun d'eux, j'en suis sûr, n'a oublié le soin qu'il mettait à leur démontrer son art, et surtout la bonhomie, non sans finesse, avec laquelle il fermait les yeux sur les peccadilles de chacun.

C'était en 18.., mon spirituel ami de C.., auquel je dois ces lignes, était élève de première année, ou mieux *melon*, pour parler le langage de l'école. On amena les melons sur deux rangs à la salle d'armes et on les fit aligner. Ils se tenaient immobiles, raides comme des piquets, sans carotter, avec la conscience de véritables néophytes. Un homme de taille moyenne, la moustache taillée en brosse, et portant sur sa veste de toile un nœud hongrois en tresse noire, s'avança vers eux :

« Messieurs, leur dit-il, vous prenez aujourd'hui
« votre première leçon. Je vous recommande l'at-
« tention. L'escrime, en effet, développe le coup
« d'œil, le jugement, la dextérité physique, le dé-
« part du pied, la main, en un mot, toutes les par-
« ties du corps. Le général y tient et il a raison. »

C'est dans ces circonstances que mon ami de C..., vit Lamin pour la première fois.

Il avait fait un peu d'escrime avant d'entrer à Saint-Cyr, et il avait la prétention de savoir se mettre en garde. Quelle erreur était la sienne! Il ne connaissait pas la mise en garde en sept temps, Lamin la lui apprit : Élevez l'épée, descendez la main droite, etc., etc. Cela durait bien vingt minutes, mais après cet effort de patience, on avait au moins une position académique.

C'était surtout pendant le mur que l'excellent maître déployait son activité. Il ne laissait passer aucune irrégularité, mais, hélas! quand il arrivait aux derniers tireurs, les premiers avaient bougé et il fallait tout recommencer. Quelques-uns y mettaient de la malice. Cet âge est sans pitié! Que voulez-vous, on s'ennuie tant à Saint-Cyr qu'il faut bien y rire de temps en temps, ne fût-ce que pour n'y pas pleurer.

Le premier maître, tout entier à la surveillance de la salle, ne peut donner leçon qu'à des privilégiés.

Sa méthode est des plus rationnelles. Lamin s'adresse toujours à l'intelligence de l'élève, différant en cela des trop nombreux démonstrateurs avec lesquels le plastron est un simple exercice de gymnastique.

Cette méthode, il l'a condensée dans une petite théorie de l'escrime, et il est regrettable que la modestie de l'auteur la condamne à rester inconnue.

Un mot pour finir : Lamin a de beaux états de service ; il a bien gagné la médaille militaire et le ruban rouge qui lui a été donné l'année dernière.

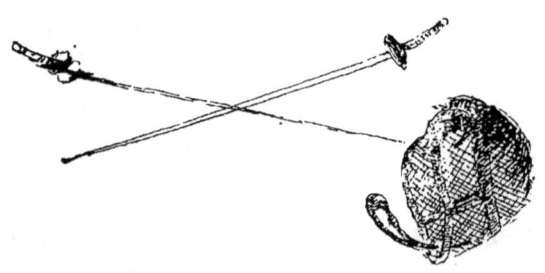

Pour être complet, il me faudrait encore portraicturer nombre de maitres d'armes aussi connus que ceux dont j'ai donné un croquis à la plume. Par malheur, l'espace m'est mesuré et je me vois réduit à mentionner rapidement MM. Bergès, Pellencq, Breton, Kirchoffer, Tixier, H. Gâtechair, Hamel, Imbernotte, Émile Mérignac, Gamoty frères, Bel, Bourjade, Marotte, Gabriel, Calmels, Berrétrot, Cabot, Huguet, Cany, Hazotte, Marsac, Marsaud, j'en oublie sans doute et non des moins bons.

Bergès a longtemps professé à l'École polytechnique, où il vient d'être remplacé par Tixier. Il a pris sa retraite récemment, après avoir été décoré de la Légion d'honneur en récompense de ses précieux services.

Bergès a ouvert une jolie salle, rue Laffitte, où il s'occupe à faire de bons élèves comme MM. Gadiot et Minel — ce qui lui est facile, car il est un très habile démonstrateur.

Le meilleur élève qu'il ait fait c'est encore son fils, le jeune Bergès, un tireur de dix-huit ans, qui a du jugement, de la main, des jambes, tout ce qu'il faut, en un mot, pour devenir un tireur de premier ordre.

Pellencq possède, à l'angle de la rue Laffitte et du boulevard des Italiens, une salle d'armes très bien située. Pellencq est un professeur méthodique et consciencieux dont les élèves ont brillé plus d'une fois aux concours donné sous le patronage de la Société d'encouragement de l'escrime. Ce professeur a donné ou donne encore des leçons à plusieurs membres de la famille d'Orléans et, en particulier, au duc d'Aumale, au comte de Paris, au duc de Chartres.

Kirchoffer a fondé, de l'autre côté de l'eau, impasse Royer-Collard, une salle d'armes assez fréquentée. Kirchoffer est bon démonstrateur, très doux et très apte à former des débutants; c'est, de plus, un habile tireur, doué d'une excellente main, qui excelle à riposter dans la ligne basse, et qui attaque avec beaucoup d'à-propos. Au demeurant, un maître d'armes fort laborieux et fort sympathique.

Hamel, qui après avoir été un tireur de renom, s'est fait une réputation de professeur d'épée : il a eu notamment pour élèves MM. d'Ariste, le marquis du Lau et le comte de Labourdonnais — un de nos meilleurs tireurs d'épée.

Émile Mérignac a pris l'ancienne salle que son père a fondée, rue Monsieur-le-Prince, salle qu'il a d'ailleurs restaurée complètement.

Il est, de plus, professeur au Cercle Saint-Simon,

C'est un exécutant fort classique qui, sans posséder la puissance étonnante de son frère, n'en a pas moins un jeu très personnel et très intéressant. La main est fine et jolie, le jugement aiguisé et la tenue correcte dans son ensemble.

Il a tout un noyau de bons élèves qui font, chaque année, de sérieux progrès grâce à son enseignement délié et consciencieux.

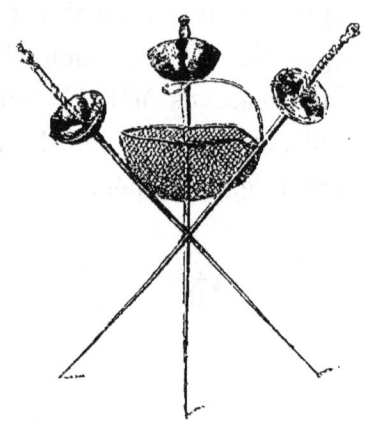

LA
SALLE D'ARMES DU « FIGARO »

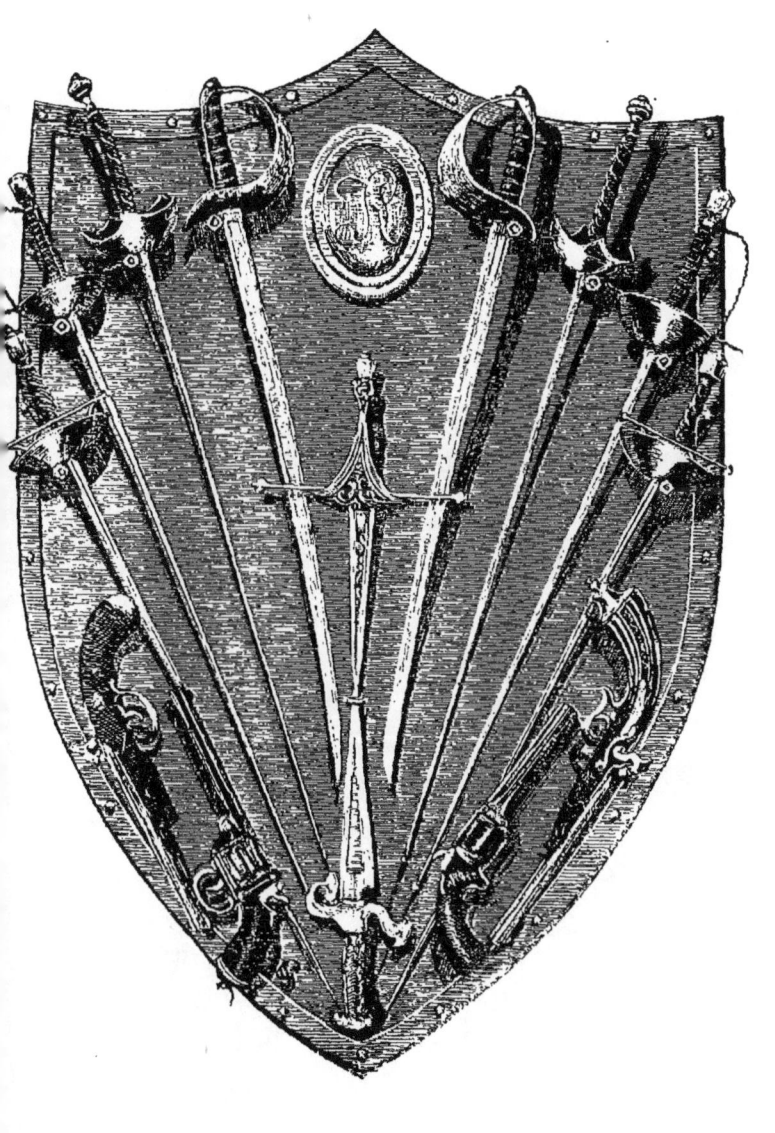

LA

SALLE D'ARMES DU « FIGARO »

ET LES

TIREURS JOURNALISTES

Rouvière a succédé à Vigeant, comme professeur de la salle d'armes du *Figaro*. Il a été, durant plusieurs années, le prévôt estimé de Pellerin, dans la salle de la rue Hippolyte-Lebas.

Rouvière a tiré fréquemment en assaut public,

où l'on a pu apprécier sa bonne tenue, sa solidité de pareur-riposteur et l'énergie de ses attaques.

C'est surtout avec Reynaud, l'un des deux prévôts du Cercle des Mirlitons — l'autre est Philippi — que Rouvière s'est mesuré le plus souvent en public. Je leur ai vu faire, à tous deux, des assauts vraiment classiques avec des enchaînements de phrases d'armes à réjouir les vieux dilettantes de l'escrime.

Comme démonstrateur, Rouvière a conquis ses galons à l'École Jean-Baptiste Say, où il professe, et enfin au *Figaro*, où l'on goûte beaucoup son enseignement.

La salle d'armes de la rue Drouot est d'ailleurs très fréquentée, et il me faudrait plus d'une page pour énumérer les tireurs qui viennent y plastronner ou faire assaut. Force m'est donc de me borner.

Le président de la salle est M. F. Magnard, l'habile rédacteur en chef du *Figaro*, qui, bien que peu assidu au plastron, possède du jugement et un solide poignet.

M. A. Périvier, l'un des triumvirs de la rue Drouot, a fait une étude spéciale du jeu de terrain et il n'a point perdu son temps, puisqu'il a gagné presque toutes les poules à l'épée auxquelles il a pris part. Il possède beaucoup de vigueur et de vitesse et riposte bien du tac-au-tac ; enfin, signe particulier, il prend la leçon avec une rare assiduité, ce qui lui permet de plastronner avec correction et élégance. Au demeurant, un tireur d'épée dangereux et un tireur de fleuret brillant.

Albert de Saint-Albin est un roublard en escrime ; il possède bien le sentiment de la distance, ménage ses attaques qu'il ne lance qu'à coup sûr et à fond et combine ses retraites assez heureusement pour pouvoir parer et riposter avec beaucoup de précision. Dans son intéressant ouvrage les *Salles d'armes de Paris*, mon aimable confrère a apprécié avec esprit et finesse le jeu des escrimeurs les plus renommés de Paris.

M. Félix Platel (*Ignotus*) tire à *l'italienne*, le bras droit presque allongé. Il a le sentiment du fer et prend bien le coup d'arrêt.

M. Emile André tire avec un jugement et une vitesse qui en font un adversaire redoutable.

Parmi les tireurs de la salle, il convient encore de citer : MM. Adrien Marx, F. de Rodays, Louis Diguet, Théodore de Grave, Jules et Charles Prévet, Bataille, Prével, René Martin, Pigeonnat,

P. Bourdin, Grison, Hazard, Charles Lachaud, Chegarey, Féliker, Bouin, Napoléon Ney, Giroux, sans oublier les *jeunes* : MM. Albéric Magnard, Georges Blavet, G.-H. Diguet, Louis Pharaon, fils de nos confrères, qui donnent déjà plus que des promesses.

Par cette énumération, on voit que l'escrime est plus que jamais en honneur parmi les journalistes parisiens. Ceux-ci comptent d'ailleurs dans leurs rangs beaucoup de tireurs qui, bien que ne figurant jamais en assaut public, n'en possèdent pas moins une très belle force.

Tel est, par exemple, M. Ranc, un fort en thème du fleuret, un des meilleurs élèves de Jacob, un tireur de « tête » par excellence, doué, en outre, d'une main très remarquable qui lui permet de parer et de riposter comme un maître.

M. Edmond Magnier ne s'est mis qu'assez tard à étudier l'escrime, mais il l'a fait avec une telle assiduité qu'il a rattrapé le temps perdu. Georges Robert, puis Mérignac aîné et les Ruzé l'ont beaucoup fait travailler. Ce tireur possède une bonne main et d'excellentes jambes.

M. Paul de Cassagnac est essentiellement un tireur d'épée très familier avec le jeu de terrain où il est très redoutable; ses qualités maîtresses sont le sang-froid, le coup d'œil, le sentiment de la distance et une vigueur surprenante. Ces qualités, jointes à sa structure physique, lui ont permis de se tirer presque toujours à son avantage de ses nombreux duels qui se chiffrent par douze au quinze.

M. Henri de Pène est un exécutant très brillant et très expérimenté. Il fait surtout du fleuret et a acquis, à l'étude de cette arme classique, beaucoup de doigté, de vitesse et de brio.

Parmi les bons tireurs d'épée, je vois encore à citer au hasard de la plume : MM. Aurélien Scholl et Andrieux, que j'ai appréciés plus haut; Albert Rogat, un tireur de terrain plein de sang-froid, parant et ripostant avec autorité; Albert Dubrujeaud, un escrimeur très bien doué au jeu régulier et savant; Henri Rochefort, un fougueux attaqueur qui charge à fond et ne s'attarde pas à viser la main; Emmanuel Arène, Carle des Perrières, deux « épées » fines et rapides, ayant l'habitude du jeu de terrain; Alexandre Hepp, un pareur-riposteur plein de vigueur et de précision; Henri Fouquier, un tireur qui a de la main et du jugement, le *Nestor* de l'escrime; E. Judet, Harden-Hickey, très redoutables au point de vue du jeu de terrain ; Armand Silvestre, dont la pointe, toujours bien en ligne, est habile à prendre les temps d'arrêt ; Georges Duruy, un exécutant de premier ordre au fleuret comme à l'épée; Édouard Lebey, un des meilleurs élèves de Rüe ; Charles Laurent, Octave Mirbeau, Alfred Edwards, qui possèdent tous trois la qualité maitresse en fait de terrain, le sang-froid, sans préjudice d'une garde très couverte.

Il me reste à mentionner d'autres tireurs qui ont fait montre, soit à la salle d'armes, soit sur le terrain, de qualités diverses.

Ce sont, tout d'abord : MM. Jules Claretie, Alphonse Daudet, Lockroy, Hervé, Pessard, Arthur Meyer, J. Laffitte, G. Bérardi, G. Jollivet, Henry Houssaye, Drumont, Cornely, Edmond Lepelletier, baron de Vaux, Albert Delpit, Magen, Louis Ganderax, Guy de Maupassant, marquis de Cherville, Peyrouton, Ayraud-Degeorge, Vauquelin, Robert Mitchell, prince de Valori, Thomsom, H. Chabrillat, Georges Duval, Racot, E. Tarbé, J. Richepin, Catulle Mendès, Sautereau, de Marçay, Blavet, A. Maggiolo, Paul de Léoni.

Parmi ceux qui ont cultivé ou qui cultivent encore l'épée avec succès, je dois nommer : MM. Lissagaray, René Maizeroy, Liévin, Deschaumes, Émile Corra, Mermeix, Adrien Lefort, G. Livet, E. Chesneau, Paul Ginisty, Arsène Alexandre, F. Champsaur, Delombe, G. Batiau, Mondon, Maxime Paz, Henry Second, Darcel, Privat frères, André Treille, L.-V. Meunier, Ch. Flor O'Squarr, Lordon, Cartillier, Grosclaude, de Lavallée, J. du Poncray, Emile Cère, etc.

J'en oublie sans doute beaucoup, mais les journalistes n'ayant pas l'habitude de tirer en public, j'en suis réduit à ne citer que ceux que j'ai vus à l'œuvre ou sur lesquels j'ai pu obtenir des renseignements exacts.

Je n'ai jamais vu tirer M. Ernest Legouvé, qui ne dédaigne point de faire du journalisme, par intermittence, au *Temps*.

De l'avis de tous les connaisseurs, c'est un admirable tireur, digne élève de Bertrand, dont il était le disciple préféré.

Garde irréprochable, finesse de doigté surprenante, absence de mouvements inutiles, telles sont les principales qualités de M. Legouvé. Ajoutez-y de superbes ripostes du tac-au-tac, des attaques pleines d'à-propos, une science approfondie des temps et des coups d'arrêt et vous aurez une idée de cet escrimeur de premier ordre que Saucède a défini : « Le plus académicien des tireurs et le plus tireur des académiciens. »

PONS (AINÉ)

L E dernier survivant de la pléiade fameuse des maîtres d'armes de la grande école, le rival des Bertrand, des Lozès, des Robert aîné, des Prévost père, Pons aîné, — le vieux Pons, comme on disait,— s'est éteint l'année dernière à Chatou, où la cécité l'avait contraint, depuis deux ans, de reposer sa robuste vieillesse d'octogénaire toujours dispos.

Mon confrère de Saint-Albin a donné jadis, du remarquable homme d'épée qui disparait, un croquis fort ressemblant :

« Pons est sec et nerveux comme une lame de fleuret, et sa mâle figure, un peu desséchée par les rides, accuse encore des traits pleins d'une énergique expression. Autrefois, il eut de grands succès de torse; admirablement découplé, il se posait crânement sur la planche, et, lorsqu'il faisait assaut avec le beau Bertrand, ils émerveillaient l'assistance par la correction de leur tenue. »

Charles Pons a dirigé pendant près de quarante ans la salle d'armes, ou mieux l'*Académie d'armes*, située jadis rue Saint-Honoré et aujourd'hui rue des Pyramides.

Il y a là, au premier étage, un local vaste et bien éclairé où abondent les panoplies, les portraits à l'huile, les gravures et les photographies. Un vrai petit musée tout entier consacré à l'escrime et à ses adeptes.

Les portraits à l'huile du baron de Bazancourt, du marquis de l'Angle-Beaumanoir et du duc de Rovigo, sont comme les dieux protecteurs de ce temple.

Comme presque tous ses collègues, Pons commença par professer dans l'armée. C'est ainsi qu'en 1819 nous le trouvons maître d'armes au 5e régiment royal d'infanterie. A cette époque, il eut un duel avec son ancien maître, Figuière. Alors qu'il n'était que prévôt, Pons avait eu à se plaindre de lui, et il s'était juré de se venger quand il serait devenu son égal.

On alla donc sur le terrain et, avec sa *furia* habituelle, Pons allongea à son ennemi un grand coup d'épée dans l'épaule.

Quelques vingt ans après, en 1839, nous le trouvons professeur du duc d'Aumale, qui lui dut sa tenue pleine de correction, et sa science des parades et des temps.

Vers 1845, Pons aîné fut mis à la tête de l'*Académie d'armes*, dont il était encore, en 1882, le professeur attitré.

Il va sans dire qu'il a tiré avec toutes les célébrités du fleuret. Mathieu Coulon, Daressy, Lozès aîné, Prévost père, Bertrand furent ses partenaires habituels.

C'est dans un assaut avec ce dernier, au Vauxhall, qu'il eut la cuisse traversée par un fleuret dont la pointe s'était brisée. Ce qui mit du baume sur sa blessure, c'est qu'il eut l'honneur, ce jour-là, de prendre trois coups de bouton à son illustre adversaire sans être touché lui-même.

Du reste, il n'en était pas à sa première blessure. En Angleterre, notamment, en faisant assaut avec un amateur de Londres, il reçut un coup de fleuret cassé si violent qu'il fut traversé de part en part. Il fit montre, en cette occasion, d'un courage et d'un sang-froid rares. Alors que son meurtrier involontaire, perdant la tête, s'arrachait les cheveux et se désolait, Pons retira lui-même le fer ensanglanté qui lui traversait tout le corps. —

On m'a raconté que, de désespoir, l'Anglais auteur de ce coup malheureux ne voulut plus, de sa vie, toucher un fleuret.

Pons aîné a formé une pépinière d'élèves très remarquables. Citons un peu au hasard : le célèbre baron de Bazancourt, l'irrégulier mais terrible gaucher; MM. le marquis de l'Angle-Beaumanoir, Pons neveu, le regretté professeur de la rue Boissy-d'Anglas, le duc de Rovigo; puis, plus près de nous : MM. le comte Potocki, le comte de Vibraye, H. de Pène, le marquis de Beauregard, le comte de Bonneval, Gérard, duc d'Elchingen, Charles Le Roy, de Molombe, etc., etc...

Pons n'était pas seulement un excellent professeur, ce fut encore, en son temps, un tireur de première force.

Bien que possédant à fond la science de l'escrime, c'était plutôt un tireur de tempérament, qui se servait très habilement de sa vigueur peu commune.

Ses coups favoris consistaient en battements-tirés-droit, en battements-coupé-dégagé, en coupéune-deux, qu'il exécutait avec une vitesse étonnante. Il était également doué d'une main excellente, et, quand il se laissait attaquer pour se ménager une riposte, on était certain de la voir arriver avec une rapidité inouïe.

Pons avait cédé, voici trois ans, sa salle de la rue des Pyramides à Roulleau, l'un des excellents adjudants de l'École d'escrime de Joinville-le-Pont, qui, aidé de Michel Bettenfeld, continue les bonnes traditions de la maison.

Pons aîné a eu une vie assez agitée. Comme homme, il a suscité beaucoup de sympathies et aussi quelques antipathies. Ce n'en fut pas moins un professeur et un exécutant de premier ordre, dont le souvenir vivra dans la mémoire des fervents du fleuret.

DÉSIRÉ ROBERT

C'EST à une atteinte de rhumatisme articulaire aigu, compliqué d'une maladie de cœur, que Désiré Robert a succombé, il y a trois ans.

Il n'avait pas quarante ans, et, certes, de longues années paraissaient promises à sa vigoureuse maturité.

Désiré était le fils de J.-B. Robert, professeur d'escrime sous la Restauration, le gouvernement de Juillet et l'Empire — et le frère de Robert aîné qui fut un des plus forts tireurs de ce temps.

Le chef de cette dynastie d'escrimeurs, J.-B. Robert père, fut naturellement le professeur de ses enfants. C'est lui qui leur mit le fleuret à la main et les forma à son école, c'est-à-dire à celle de l'illustre La Boëssière, dont il était l'élève.

Désiré Robert était d'une taille un peu au-dessous de la moyenne.

Les cheveux noirs, crêpelés, le teint bistré,

les lèvres épaisses, dénotaient une origine mulâtresse.

Le visage respirait la bonté qui était bien la dominante de cette douce nature.

C'était un tireur à la tenue vraiment correcte, qui suppléait par un sang-froid à toute épreuve, par un jugement sûr, par une main très fine à l'insuffisance de ses jambes.

Ce fut avant tout un classique du fleuret, à la pointe toujours bien en ligne, à la parade sobre et serrée, très recherché pour toutes ces qualités, aussi bien par ses collègues que par nos premiers amateurs qui désiraient l'avoir pour *partner*.

Sa loyauté absolue, sa franchise à accuser le coup de bouton ne faisaient qu'augmenter cet empressement.

Tout le monde a présentes à la mémoire les passes d'armes exquises et savantes qu'il a soutenues à la Faisanderie contre quelques-uns des professeurs de cette École, Hottelet entre autres, et dans différents cercles parisiens, notamment contre MM. Féry-d'Esclands, Brinquant, A. de Aldama, de Villeneuve, d'Ariste, Dérué, Tony Girard, etc., etc.

En dernier lieu, Désiré Robert était attaché au cercle d'escrime de la rue du Helder, fondé par son neveu Georges.

Les leçons de ce maître conciencieux et patient, héritier des saines traditions de la fin du siècle dernier, étaient recherchées à juste titre.

Désiré était, en outre, professeur d'escrime aux institutions Du Vignau et Massin, et au lycée Henri IV, où il a formé, toujours en compagnie de son neveu, une pépinière de jeunes tireurs d'avenir.

La maladie l'avait malheureusement contraint à interrompre ses leçons.

On n'a certainement pas oublié le grand assaut que Désiré organisa, jadis, à son bénéfice, au Grand Hôtel. Tout ce qui tient ou a tenu un fleuret vint applaudir le sympathique organisateur qui fit un brillant assaut avec Louis Mérignac.

Le monde de l'escrime a perdu en Désiré Robert un de ses maîtres les plus savants, les plus fins, les plus aimés.

H. LOZÈS

Hippolyte Lozès est mort presque en même temps que Désiré Robert, dans son élégant castel de Saint-Gaudens, où il s'était retiré à la suite d'une maladie de poitrine qu'il avait contractée à Paris.

C'était l'un des frères du célèbre Lozès qui gagna à Londres, au grand concours international de 1830, le prix de cinquante mille francs.

Revenu à Paris, le lauréat ouvrit plusieurs salles d'armes dans différents quartiers, ce qui lui valut, en quelques années, une assez jolie fortune.

Après sa mort, ses trois frères se partagèrent ses clients, et Hippolyte Lozès, qui eut l'idée d'y joindre un certain nombre de collèges et de pensionnats, vit bientôt la fortune lui sourire.

Il était né en 1815, dans un petit village voisin de Saint-Gaudens.

Au physique, c'était un homme d'une taille un

peu au-dessus de la moyenne et solidement charpenté.

Je le vois encore au lycée Louis-le-Grand où, dans ma prime jeunesse, je l'eus comme professeur d'escrime, aller de l'un à l'autre, félicitant les studieux et gourmandant les paresseux.

Il avait les yeux petits et vifs, le visage comme doré par le soleil du Midi ; la bouche, sans cesse souriante, dénotait une aménité de caractère qui se démentait bien rarement. Il faut avoir vu ce professeur à l'œuvre comme nous l'avons vu nous-même, pour savoir de quel trésor de patience il était doué.

Rien ne le rebutait : ni l'indiscipline des uns, ni la répugnance des autres, ni les niches plus ou moins spirituelles des jeunes lycéens : son indomptable ténacité, son inépuisable patience finissaient par vaincre les plus récalcitrants.

J'ai conservé de ce maître un souvenir attendri, car c'est lui qui, le premier, m'a mis le fleuret en main et a fait retentir à mon oreille les premières louanges de ce noble exercice de l'escrime.

Il m'a raconté bien des fois qu'il était venu à Paris en 1831, fasciné par la célébrité de son grand frère *le Fort*. Il avait alors 16 ans. Le grand frère mit le fleuret en main au petit et lui donna quotidiennement une de ses leçons, — comme il savait en donner.

Au bout de six années d'un travail très assidu, le jeune homme posséda bientôt, grâce à ce maître merveilleux, la science de l'escrime.

Appelé à remplacer, quelques temps après, son frère aîné, à l'École polytechnique et à l'École d'état-major, il y professa pendant près d'un demi-siècle.

Le ruban de la Légion d'honneur fut la récompense de ses longs services.

Un assaut qu'il aimait à rappeler était celui qu'il avait eu à soutenir chez lord Seymour contre sir Richard Wallace, l'oncle, si je ne me trompe, du généreux et millionnaire donateur des populaires fontaines qui portent son nom.

Les deux champions déployèrent une ardeur, une énergie et une habileté qui leur valurent une ovation chaleureuse et méritée.

Dans ses dernières années de professorat, H. Lozès a eu la satisfaction de donner des leçons aux enfants de ses premiers élèves.

Cette particularité lui permettait de stimuler l'amour-propre de ses jeunes disciples par de doux reproches dans le genre de celui-ci : « Ah ! monsieur, votre père avait bien plus d'énergie que vous et il « mordait » bien mieux à l'escrime. »

H. Lozès n'a jamais été un tireur classique ni un tireur de première force. Mais c'était un professeur très consciencieux, fort bon en dépit de quelques bizarreries de caractère et un laborieux qui a laissé à sa veuve et à son fils, avec le souvenir d'une vie bien remplie, une très jolie fortune.

MIMIAGUE

AVEC Mimiague s'est éteint incontestablement un remarquable exécutant et un professeur plus remarquable encore.

« Le fondateur de la salle de la rue Richelieu était un homme de belle taille, bien découplé, à la chevelure abondante, au teint bistré et à l'accent particulier révélant, à ne s'y point méprendre, l'homme du Midi. Quand je l'ai connu, il avait quelque peu neigé sur les cheveux — jadis noirs comme jais — du maître; mais les yeux avaient conservé toute la vivacité et le feu de la jeunesse, et la bouche souriante et narquoise dénotait le Gascon « malin », un peu méfiant, mais bon enfant au fond et désireux de plaire.

« On pouvait définir Mimiague un d'Artagnan mâtiné de Porthos — malice et naïveté mêlées.

« Parvenu à la réputation et à la fortune, on peut dire qu'il avait bien mérité l'une et l'autre. Il serait, en effet, difficile de déployer plus d'énergie, plus de ténacité, plus de ressort contre la mauvaise fortune que ne le fit Mimiague. »

Il avait commencé les armes à son arrivée comme recrue au 11e régiment d'artillerie. Il aimait l'escrime d'instinct; aussi ne tarda-t-il pas à faire d'étonnants progrès, qui lui permirent, au bout de quelques années, de prendre part à un concours de prévôts militaires et de décrocher la nomination de maître d'armes au 5e léger, à Montpellier.

Justement le célèbre Jean-Louis enseignait à la même époque, dans cette ville, les principes de son art avec un grand éclat.

Il devint bientôt le disciple assidu du remarquable maître qui a laissé tant d'excellents élèves.

Peu après, Mimiague commença à tirer en public.

Il eut l'honneur de croiser le fer, notamment avec Berryer, qu'il rencontra sans désavantage; avec Eugène Grisier, qu'il battit; avec le grand Robert, dont il devint le rival.

C'était un maître de la grande école, à la tenue vraiment classique, un tireur de tête, dont le jugement, toujours en éveil, était bien servi par les qualités physiques.

Dans l'attaque, il affectionnait un coup dénommé « coup de Mimiague », c'était « une-deux-trois » accompagné d'un retirement de bras à la troisième feinte d'une correction douteuse, mais d'un succès presque certain.

La défense était chez lui au moins à la hauteur de l'attaque. Il avait des ripostes « du tac » et des ripostes par le contre-de-quarte-coupé-dessous d'une rare maîtrise.

Mimiague, ai-je dit, fut un excellent professeur. Je n'en veux pour preuve que le grand nombre d'élèves remarquables qu'il a formés.

Il avait fondé, voici environ vingt ans, la salle d'armes de la rue Richelieu. J'ai là sous les yeux l'annuaire de la salle Mimiague, qui s'est convertie, il y a peu de temps, en cercle d'escrime sous la présidence de M. Chabrol, conseiller d'État et l'un de nos meilleurs fleurets parisiens.

Citons parmi les principaux élèves de Mimiague, qui tous avaient voué une affection profonde à leur maître : MM. de l'Angle-Beaumanoir, un admirable pareur, un tireur de premier ordre; H. de Villeneuve, président de la Société d'encouragement de l'escrime; Guignard, capitaine Dérué, Sarlin, un riposteur remarquable; Tony Girard,

Camuset, Devillers, Gomez, Morel, Chabert, Beauvois-Devaux, Georges Audouin, tous tireurs excellents et très appréciés dans les assauts publics.

Mimiague était fort laborieux à sa salle; il ne quittait guère le plastron de maître d'armes, de trois heures de l'après-midi à huit heures du soir; il professait, en outre, à l'école Fénelon, au Cercle Agricole, à l'école Sainte-Anne.

En somme, c'est un maître d'armes qui a disparu avec lui.

La mémoire de Mimiague pourra être évoquée à côté des illustrations de l'escrime qui se sont appelés : Bertrand, Lozès aîné, Cordelois, Prévost père, Berryer aîné, Pons.

On sait que les élèves de la salle Mimiague, loin de se disperser, leur maître disparu, ont, au contraire, tenu à resserrer les liens de la camaraderie qui les unissaient déjà.

Ils se sont cotisés et ont réuni tout de suite une grosse somme qui leur a permis de s'installer dans des conditions de confort tout à fait exceptionnelles, rue Saint-Honoré, dans une salle d'armes aussi belle que bien aménagée.

Large, l'ancien prévôt de Mimiagne, a été promu professeur de la nouvelle salle; il y continue les traditions de la méthode consciencieuse professée si longtemps par le regretté maître et à côté des vétérans du fleuret, dont je citais tout à l'heure les noms, il se forme une pépinière de jeunes tireurs qui commencent à tirer en assaut public, non sans succès.

Le Cercle d'escrime Mimiague, loin de péricliter, comme on pouvait s'y attendre par suite de la disparition de son créateur, est au contraire plus prospère que jamais, grâce au dévouement des anciens élèves de la salle qui se sont serrés les coudes au bon moment.

L'escrime n'a qu'à gagner à une pareille solidarité.

PONS (neveu)

Pons neveu a suivi de près son oncle dans la tombe, mais il est loin d'avoir fourni une si longue carrière que lui. Il est mort avant d'avoir atteint la soixantaine, alors que Pons aîné était presque nonagénaire.

Il avait bien la physionomie de son nom. Il était court, trapu et énergique.

La tenue de Pons, à la ville comme à la salle d'armes, était très correcte, j'allais dire très académique. Tout de noir habillé, bien lingé, le chapeau haut de forme, aux bords irréprochables, on l'eut pris, de dos, pour un officier ministériel : notaire ou avoué. De face, c'était différent. L'énergie de la tête, aux traits fins et réguliers, l'abondance des sourcils, et surtout la forte moustache soulignée par la longue barbiche bien fournie, le faisaient plutôt prendre pour un officier en retraite.

Pons avait commencé à faire des armes en 1837, avec son oncle, Pons aîné.

Il était là à une excellente école; aussi devint-il, en peu d'années, un élève distingué.

Il fut prévôt de son oncle pendant vingt années. Ce long stage accompli, il eut la légitime ambition d'avoir une salle à lui et fonda alors celle qui existe encore aujourd'hui, passage du Retiro et rue Boissy-d'Anglas.

Il y avait vingt-cinq ans qu'il professait dans cette salle justement renommée. Elle est située au rez-de-chaussée et se compose de trois pièces : une antichambre, un grand lavabo et la vaste salle carrée où bon nombre de tireurs peuvent faire assaut à la fois.

Sur les murs règne, comme dans tous les établissements semblables d'ailleurs, une armée de fleurets et de masques, ponctuée çà et là de panoplies aux épées supérieurement montées.

N'oublions pas de mentionner une collection de gravures assez curieuses représentant les différentes positions du tireur d'après Angelo, le célèbre maître italien du XVIIIe siècle, auteur d'un très curieux *Traité d'escrime*.

Pons neveu passait, à juste titre, pour un professeur connaissant bien la science de l'escrime.

Il l'a prouvé en formant des élèves qui ont fait parler d'eux.

Citons parmi les principaux : MM. le comte de Brissac, le comte de Comminges, le baron Demarçay, le comte Hallez-Claparède, A. Hennessy, de Lareinty, de Pourtalès, le duc de Vicence, de Montalivet, M. G. Delcro, un gaucher de première force, l'adversaire habituel, jadis, des Alfonso de Aldama, des Lindemann et autres brillants tireurs.

M. Corthey, — encore une bonne connaissance de nos assauts publics, — et enfin M. Le Couturier, font également partie de cette salle.

N'oublions pas que Pons a contribué à former ce trio de remarquables tireurs qui ont nom : de l'Angle-Beaumanoir, de Lindemann et Alfonso de Aldama.

Pons a figuré bien souvent dans les assauts publics depuis le jour où il débuta avec Collinet, en 1839.

Il y a presque toujours brillé. Il a fourni de magnifiques assauts contre Robert aîné, son partner favori ; contre Mimiague, contre Vigeant, et bien d'autres que nous ne citons pas.

Sa tenue sous les armes était correcte. Il attaquait de pied ferme, en dépit de sa petite taille et exécutait des dégagés d'emblée et des coupés-dégagés foudroyants de vitesse et d'à-propos.

Il eut également une jolie main et prenait les *temps* avec habileté. Sa parade était légère, et il excellait dans les ripostes du tac-au-tac. En somme, un tireur peu ordinaire.

On n'a certainement pas oublié le duel retentissant qu'il eut, en 1882, avec le tireur italien baron de San-Malato.

Il serait oiseux de revenir sur les origines de cette querelle. Ce que je veux en retenir c'est la belle tenue de Pons sur le terrain, le sang-froid, la crânerie et la science qu'il y sut déployer. Il poursuivit son adversaire et le fit reculer la distance de 150 mètres, en dépit de sa jambe imparfaitement remise. On sait qu'il a eu la jambe cassée il y a quelques années.

Il avait fini par acculer le baron de San-Malato à une palissade et s'apprêtait à recueillir le fruit de ses peines, je veux dire à lui allonger un bon coup d'épée, quand l'un des arbitres du combat le contreignit à rendre du champ à son adversaire.

Cette fois, Pons marcha encore résolument sur le tireur sicilien et le blessa une première fois au poignet par un superbe contre-dégagement.

A la troisième reprise, le baron de San-Malato fut encore atteint par le même coup au *medius* et ne dut son salut qu'à un rapide saut en arrière.

Ce jour-là, Pons a bien mérité de l'escrime, car il sut tenir haut et ferme l'honneur de l'École française.

L'ESCRIME A PARIS

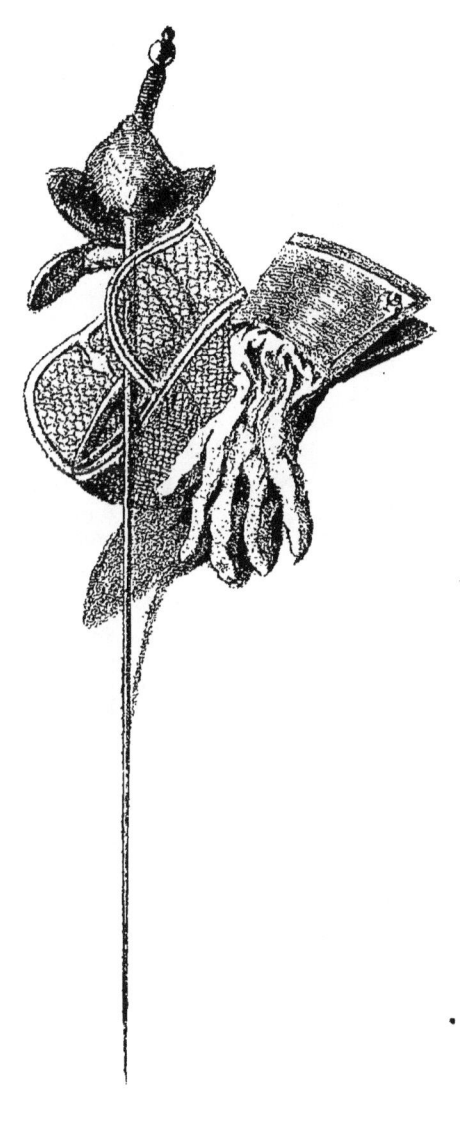

L'ESCRIME A PARIS

EPUIS quelques années, l'escrime a pris en France, et particulièrement à Paris, un développement considérable. Entre autres supériorités incontestables, la cité-lumière, comme l'appelle Victor Hugo, a celle d'être la ville du monde où l'on fait le plus et le mieux des armes, celle où l'on pratique avec le plus de passion et d'habileté la noble science de l'escrime.

Seule la ville de Naples pourrait — jusqu'à un certain point — être mise en parallèle avec notre

Paris ; mais les points de comparaison qui nous ont été fournis par les derniers concours internationaux de Turin et de Milan nous permettent de décider de la force réciproque des tireurs napolitains et parisiens, en accordant la palme, haut la main, aux champions de France. — C'est que l'escrime est un sport bien français et surtout bien parisien. En effet, si le sabre est l'arme favorite des Allemands et même des Italiens, le pistolet celle des Russes, l'épée est l'arme nationale par excellence, chez nous. On la considère comme l'arme même du duel, la plus propre, la plus intelligente, la plus capable de proportionner la gravité de la blessure à l'offense ; le pistolet, employé dans des cas exceptionnels, ne sera jamais, en France, l'objet de la même faveur que l'épée.

On a beaucoup écrit et disserté sur l'escrime ; des poètes même ont chanté ses louanges en alexandrins enthousiastes. Peu de personnes aujourd'hui songent à en nier l'utilité — mais tout le monde n'en comprend peut-être pas les grands bienfaits.

Avant tout, c'est l'étude de cet exercice qui permet au galant homme de défendre *utilement* son honneur d'abord, sa vie ensuite. Ce n'est pas à dire que la culture de l'escrime conduise fatalement au duel. Bien au contraire, elle est une sorte d'école de la modération et de la courtoisie, et il est assez piquant de constater que les rencontres sont plus rares dans le monde des armes que partout ailleurs. C'est le cas de rappeler les paroles si vraies adressées aux mères de famille par M. Legouvé dans un *tournoi* au *dix-neuvième siècle* :

« Vous êtes, leur dit-il, pleines de préventions contre l'escrime ; votre tendresse voit toujours une épée dans un fleuret et vous craignez que la salle d'armes fasse de vos fils des spadassins. Détrompez-vous! je ne connais pas un spadassin dans les habiles tireurs de Paris, un lâche seul peut provoquer une lutte où il n'y a de péril que pour son adversaire ; un homme de cœur trouve dans sa force même le droit et le devoir de rester modéré en étant ferme ; et comme cette force conseille aux autres la modération envers lui, il s'ensuit que l'habileté en escrime est une double raison pour se battre plus rarement ».

Et, en effet, il serait nécessaire que tous les jeunes gens, sans exception, fussent de bonne heure familiarisés avec l'épée. La société y gagnerait sous plusieurs rapports : moins de duels, plus de vigueur, plus de santé, une jeunesse robuste. L'escrime est la gymnastique par excellence. Nul exercice ne donne au corps plus de souplesse et de grâce ; au coup d'œil plus de sûreté ; à l'esprit plus de vivacité et d'à-propos.

Ainsi que l'a dit excellemment un vrai connaisseur — mon ami A. Waskiewicz — un tireur habile peut se donner la satisfaction de mépriser certaines provocations déraisonnables qu'un inexpérimenté se croira moins fondé à laisser passer. De plus, il est reconnu que les rencontres entre adversaires un peu ferrés sur l'escrime sont moins fécondes en dénouements tragiques. Cette particularité tient surtout à ce que les tireurs ont appris dans la pratique des armes la confiance en eux-mêmes, le sang-froid, un sentiment plus juste de la distance, à ce que, tirant avec plus de précautions, ils livrent moins au hasard et savent mieux éviter les coups doubles ou *coups fourrés*, si désagréables... même en hiver.

A un autre point de vue, pour les gens absorbés par un travail cérébral, pour les littérateurs, pour les artistes, pour les financiers, pour nous tous qui étouffons dans la fournaise parisienne, l'escrime est un véritable délassement, un dérivatif puissant, sans oublier (détail qui a bien sa valeur) que s'adonner à la culture des armes, c'est presque se décerner un brevet de longévité.

— Ne riez pas! on a remarqué que les maîtres d'armes et les fervents du fleuret atteignent généralement un âge avancé. Voyez Bertrand, les deux Cordelois, Ardohain, Pons aîné ; ils ont vécu presque nonagénaires — Desmytères, Charles Ruzé, se disposent gaillardement à devenir centenaires. En tout cas, cet exercice merveilleux vaut à ses adeptes une agilité et une souplesse qui font reculer la vieillesse impotente.

Enfin, au risque d'être accusé de cultiver le paradoxe, je soutiens, avec un amateur célèbre, que l'escrime aiguise le jugement. L'escrime, art admirable et science complexe, ne permet-elle pas aux tireurs doués de moyens physiques restreints de se rattraper avec... leur tête ? Il est, en effet, des exécutants dont le jeu est plein d'intelligence et d'esprit. On peut dire qu'ils font avec leurs fleurets, comme d'autres avec leurs plumes, « des mots, des phrases » et même des « pointes » dont le trait final part comme une flèche pour aller toucher leur adversaire en pleine poitrine. La spontanéité de la décision, la rapidité d'exécution, l'harmonie des mouvements, qui sont les principales qualités de l'escrime, n'exigent-elles pas un jugement prompt et n'est-ce pas par une tension d'esprit continue que l'on profite, à un moment donné, de la moindre faute de son adversaire ?

J'espère avoir victorieusement démontré l'incomparable utilité de l'escrime au double point de vue de la santé du corps et même de celle de l'esprit. Il me reste maintenant à m'occuper de la façon dont les Parisiens mettent en pratique ce sport passionnant entre tous. Un rapide coup d'œil jeté sur les principales salles d'armes de notre ville nous initiera bien vite au monde de l'escrime, dont nous ferons rapidement le tour en quatre-vingts secondes.

Bien qu'on fasse des armes à peu près à toute heure de la journée, à Paris, l'heure vraiment psychologique de la conversation du fleuret a lieu de cinq à sept heures de l'après-midi.

C'est le moment où toutes les salles retentissent du choc de l'acier avec accompagnement d'appels de pied; c'est l'heure où les plus avares se fendent à fond, sur l'invitation réitérée du maître d'escrime.

L'une des salles les plus fréquentées de Paris est celle que les élèves du regretté Mimiague ont fondée, à frais communs, dans un local splendide de la rue Saint-Honoré.

C'est un véritable temple où règne sans partage la déesse Escrime, temple auquel les fidèles ne font jamais défaut.

Les meilleurs champions de l'endroit portent

des noms célèbres dans les annales des assauts publics ; ce sont : MM. Chabrol, président ; de l'Angle-Beaumanoir, G. Guignard, H. de Villeneuve, capitaine Dérué, Devillers, Sarlin, Gomez, Audouin et beaucoup d'autres que j'oublie.

La salle Mimiague est toujours sur la brèche : quand il s'agit de fournir des champions aux tournois publics ou privés, elle a toujours un fort contingent de tireurs exercés à mettre en ligne.

C'est la salle Saint-Vincent de Paul, les courtois disciples de ce Cercle d'escrime sont toujours prêts à offrir la moitié de leur paire de fleurets aux adversaires de bonne volonté pour « en découdre » le plus longuement possible.

Le Cercle des « Mirlitons » a pour professeur d'escrime un des maîtres les plus classiques de l'époque. La belle tenue sous les armes de Prévost, son style impeccable en ont fait un des virtuoses les plus purs du fleuret. Ce n'est point un mince honneur de faire travailler au plastron des élèves comme MM. Saucède, Carolus-Duran, comte de Lindemann, Alfonse de Aldama, Roll, G. de Borda, Charles Le Roy, le comte Emmery et *tutti quanti*.

Ces élèves sont, d'ailleurs, presque tous des

maîtres dont on a pu apprécier maintes fois, en public, les qualités solides et brillantes.

Le Cercle de l'escrime possède, sans contredit, la salle d'armes la plus spacieuse et la mieux aménagée qu'on puisse rêver. Le professeur de céans est le célèbre gaucher Hottelet, un exécutant de premier ordre doublé d'un démonstrateur hors ligne. Ce sympathique maître est d'ailleurs très bien secondé par Mégy et Varille, les deux maîtres adjoints.

Parmi les plus assidus de cette salle, il convient de citer :

MM. le lieutenant Roux, un tireur très classique, — Georges de Cassagnac, un tireur d'épée extrêmement bien doué, — Armand Silvestre, qui a autant d'esprit au bout de son fleuret qu'au bout de sa plume, — Emmanuel Arène, qui devient peu à peu un redoutable *spada*, — Alexandre Hepp, un pareur, riposteur fort expert.

N'oublions pas MM. Grut, Pascal, Boileau, Gervex, de Marsy, Fleury, Meyer, dont les qualités diverses mériteraient mieux qu'une mention.

A certains jours de la semaine, et le jeudi plus particulièrement, les tireurs les plus réputés de Paris, presque tous membres honoraires de la salle, viennent se mesurer avec les nombreux élèves du Cercle de la rue Taitbout.

MM. Charles Le Roy, Alfonso de Aldama, Molier, Vavasseur sont des habitués auxquels on est heureux de serrer la main en dépit des coups de bouton qu'ils octroient généreusement aux vaillants qui les vont affronter.

Mérignac aîné, qu'on a justement dénommé le « champion du monde » en raison de ses qualités extraordinaires d'exécutant incomparable, a installé, rue Joubert, une magnifique salle qui compte de nombreux adhérents. Le président de ce cercle d'escrime est le baron Antoine d'Ezpéleta, qui a été et qui pourrait bien être encore le tireur le plus étonnant, le plus prestigieux qu'on puisse voir, comme il est toujours le gentleman le plus courtois et le causeur le plus charmant qu'on puisse imaginer.

Parmi les disciples de Mérignac, je me bornerai à citer le plus célèbre de tous : Gustave Laroze, qui est, à volonté, droitier et gaucher, et qui est considéré par beaucoup de connaisseurs comme le plus fort amateur qui soit actuellement. Ce qui est incontestable, c'est qu'il a une vitesse de main prodigieuse qui lui permet de parer et de riposter d'une merveilleuse façon.

L'École d'escrime française de la rue Saint-Marc, dont le président est M. des Haulles, un tireur classé parmi les premiers, compte beaucoup de membres.

Les amateurs les plus connus et les plus justement réputés de l'endroit sont :

MM. Féry d'Esclands, Roulez, Vavasseur, Franconi, Pra. Le professeur en titre est Jacob, le plus grand maître de l'école du terrain.

Cet inventeur de la « leçon d'épée » est un malin qui a bien compris son temps. Étant donné qu'il avait affaire à des gaillards qui, en général, désiraient aller sur le terrain et en revenir le moins endommagés possible, il créa l'école de la piqûre à la main, qui a marqué ce qu'on a appelé « l'avènement du duel bourgeois ».

Démonstrateur expérimenté, Jacob est bien secondé dans sa tâche par MM. Destré et Frey, deux exécutants de mérite.

La jolie salle Ruzé, sise rue de la Bienfaisance, possède, grâce à l'excellent enseignement de ses trois maîtres, aussi consciencieux que savants, une véritable pépinière de jeunes tireurs qui pourraient tous figurer avec succès en assaut public.

Citons parmi les assidus :

MM. Phélippon, Conrad, Barthe, Reymond, de Chauvigny, marquis Milo, Reille, Legrand, Sandfort, marquis de Sombreuil, Cayrou, Fronsac.

Une mention spéciale est due à M. Poupeins-Maufrais, un infatigable tireur dont l'âge, loin de refroidir l'ardeur, ne fait que la décupler : M. Maufrais a fait d'inoubliables passes d'armes avec des tireurs cosmopolites de grande réputation. — C'est un champion dont le jeu bien personnel excitera toujours la curiosité des connaisseurs.

L'espace me manque pour parler longuement des autres salles d'armes. Il serait injuste cependant d'oublier celle de Georges Robert, qui compte parmi ses élèves MM. d'Ariste et Soupe.

Georges Robert, qui donne des leçons d'épées appréciées, est un de nos meilleurs exécutants d'assaut public ; avec des qualités différentes, il marche sur les traces de son célèbre père, l'une des gloires de l'escrime contemporaine.

Rüe considéré, à juste titre, comme un des tireurs les plus classiques de l'époque, possède, rue Godot-de-Mauroy, une coquette salle d'armes qui vient de se transformer en cercle d'escrime, sous la présidence de M. Édouard Lebey, le sympathique directeur de l'*Agence Havas*, qui est doublé d'un tireur bien correct et très rapide dont la place est retenue parmi les meilleurs amateurs de Paris.

Mentionnons encore, parmi les plus importantes salles, celles des professeurs : Chazalet, Rouleau, Kirchoffer, Pons neveu, Haller, Caïn, Pellencq, Mérignac jeune, Bergès, Charles, et, enfin, celle d'Hacinthe, l'excellent maître qui compte au nombre de ses fidèles conseillers, Waskiewicz, le plus grand connaisseur en fait d'escrime.

On voit, par cette rapide esquisse des principaux centres d'escrime parisiens, que la noble science a donné déjà de nombreux adeptes, et que ce sport, qui fut jadis l'apanage de la classe aristocratique, tend chaque jour à se vulgariser : aujourd'hui tout fils de bourgeois un peu aisé reçoit, en même temps que des notions de langue grecque et latine, des leçons de musique, d'équitation et d'escrime.

L'éducation d'un lycéen serait regardée comme incomplète s'il n'avait passé peu ou prou par les mains des Ruzé, des Mérignac, des Jacob. — Plus tard, ces « potaches », devenus d'élégants sportmen, des clubmen à la mode, demeurent fidèles au culte de l'épée.

Tout hôtel un peu bien aménagé a désormais sa salle d'armes comme il a sa bibliothèque, comme il a sa salle de billard. — Bien plus, certaines mondaines, jalouses de montrer qu'aucun exercice viril ne leur est étranger, se mettent à prendre des leçons avec nos maîtres les plus en renom, et si cela continue, aux « femmes de sport », qui comptent déjà dans leur sein des écuyères, des chasseresses, des nageuses, des patineuses émérites, il faudra ajouter des tireuses d'armes, dont la renommée fera pâlir celle de la chevalière d'Éon.

Et ce sera tant mieux ; car on ne fera jamais trop d'escrime, on n'en fera jamais assez, et le cri de notre génération névrosée, énervée, émasculée, devrait être celui-ci : Escrimons-nous les uns les autres. Le meilleur moyen pour les anémiques, de prendre du « fer », c'est de s'emparer d'un fleuret pour faire de l'escrime.

L'ESCRIME A L'ÉLYSÉE

L'ESCRIME A L'ÉLYSÉE

Aujourd'hui tout le monde fait des armes Depuis le clubman « chic » jusqu'au « potache » — espoir de la patrie ! — en passant par l'homme de lettres et le financier.

Tous y trouvent un délassement salutaire à leurs tracas cérébraux.

Les « sphères gouvernementales » elles-mêmes, pour m'exprimer comme M. Prudhomme, sont entrées dans le mouvement avec un à-propos et un élan indéniables.

Aussi tous les amoureux du fleuret doivent-ils être reconnaissants auxdites sphères des encouragements aussi réels que délicats prodigués par elles aux maîtres ès escrime.

Il me faudrait tout un volume pour faire ressortir dignement les avantages multiples de cet art magnifique ; je me bornerai à dire en quelques mots que c'est de tous les exercices le plus *hygiénique*, le plus *utile*, le plus *intelligent*... J'aime autant me borner à ces trois qualificatifs tout nus, de peur de me lancer dans des considérations par trop dithyrambique, et de m'entendre dire :

— « Vous êtes orfèvre, monsieur Josse ? »

Ce à quoi je pourrais répondre :

— « Pas tout à fait, mais quelque chose d'approchant. »

Quoi qu'il en soit, j'estime qu'il faut savoir gré au Président de la République et à M. Daniel Wilson d'avoir accordé une si large hospitalité au plus noble de tous les sports en organisant ces matinées d'armes dans lesquelles défile le brillant cortège des principaux amateurs et professeurs de Paris.

C'est le vaste jardin d'hiver du palais de l'Élysée avec ses beaux arbustes exotiques et ses plantes merveilleuses qui sert de cadre à ces tournois intimes.

On peut avancer, sans exagération, que c'est une des plus magnifiques salles d'armes du monde, au point de vue de l'espace, de la clarté, du décor et de l'enchantement de la vue qui s'étend, ravie, sur la verdure des arbres centenaires et sur l'émeraude des gazons coupés par l'or des allées sablées.

C'est le jeudi et le dimanche, entre dix heures et midi, qu'on s'escrime avec le plus d'animation à l'Élysée.

Les séances du dimanche sont de beaucoup les plus suivies ; celles du mercredi ont un caractère d'intimité bien fait pour complaire aux tireurs timides qui craignent la « galerie ».

De temps à autre, M. le Président de la République, accompagné parfois de Mme Wilson, vient assister à un spectacle qui semble l'intéresser beaucoup.

M. Grévy trouve un mot aimable à l'adresse de chacun, et s'assied pour suivre l'assaut à sensation de la séance.

Le Président, qui a connu jadis la plupart des grands maîtres de l'escrime, juge avec beaucoup de sagacité les tireurs et sait parfaitement apprécier la maîtrise d'un coup bien exécuté.

Cette heure où parait le Président est aussi l'heure psychologique pour croquer, au plus fort de l'action, les silhouettes des habitués.

Le professeur de la présidence, le directeur de ces réunions est le maître d'armes Collin, qui possède, comme on sait, rue de Penthièvre, une salle fréquentée par la fine fleur de nos hommes politiques, de nos financiers, de nos mondains.

Collin n'est pas seulement un professeur érudit et consciencieux, c'est encore un tireur plein de jugement et de rouerie, habile à tendre des pièges à ses adversaires... Flétrissons-le en quelques mots bien sentis : c'est le Machiavel sympathique du fleuret.

Voici M. Daniel Wilson, qui fut un *droitier* d'une jolie force et qui est devenu par nécessité, un *gaucher* correct et redoutable.

Tireur élégant et fin, le gendre de M. le Président de la République a pour qualité dominante la « défensive ». Il a des parades suivies de ripostes dans la ligne basse, qui sont envoyées avec une précision toute mathématique... Ce sont les ripostes d'un homme qui a été président de la commission du budget.

M. Sarlin, qui a certainement contribué, pour une large part, à l'organisation de ces séances d'escrime, est un amateur justement réputé et l'un des meilleurs élèves de la salle Mimiague. Il a des attaques pleines de franchise et de rapidité qui déconcertent l'adversaire, et de bonnes ripostes composées quand il lui plaît de se laisser attaquer.

Souvent, quand on croit le toucher, il se dérobe par des *effets rétrogrades* du torse qui dénotent un joueur de billard *di primo cartello*.

Le neveu du Président, M. Léon Grévy, qui a beaucoup de souplesse et de ténacité, est en passe de devenir un bon tireur. C'est un partner d'une immuable courtoisie qu'on aime à voir devant soi, car l'aménité de son visage ne s'altère jamais — qu'il donne ou qu'il reçoive le coup de bouton.

M. Auguste Dreyfus, ami particulier de M. Jules Grévy, possède beaucoup de vigueur et d'agilité, en dépit d'un aimable embonpoint. Il est le père de beaux enfants qui, sous la direction de Collin, ne pourront manquer de devenir d'habiles escrimeurs.

Voici encore de bonnes lames. Il va sans dire que je cite au hasard de la plume, et sans prétendre *classer* personne. Ce sont MM. Morel, un excellent pareur au mieux avec la *septime-liée ;* Leys, dont le solide poignet défend à merveille un plastron plus tentant qu'accessible ; Félix Faure, Desplanques, Le Roy, J. Grumbach, un quatuor d'escrimeurs pleins de vigueur ; Sanguinetti, un tireur expérimenté, bouillant comme son nom, la courtoisie personnifiée ; MM. A. Violet et Levrier, tous deux tireurs énergiques ; le lieutenant Roux, un vrai d'Artagnan, au physique et au moral ; Maurice Bernard, qui, en dépit de sa jeunesse, tire avec la gravité d'un conseiller d'État.

Passons maintenant à un autre groupe d'habitués, tireurs intermittents, qui mettent l'épée à la main trop rarement, au gré de la galerie.

J'aperçois M. Féry d'Esclands — le roi des pareurs et l'un des premiers tireurs de notre époque. — Un peu plus loin, M. Carolus-Duran, mouillé comme un pur sang après une course sévère, fait son *septième* assaut de la journée. Chez le maître-peintre la virtuosité du fleuret égale la virtuosité du pinceau. A côté du portraitiste se tiennent M. Chabrol, un tireur de la grande école, qui a connu l'illustre Bertrand et qui s'en souvient ; le baron Raymond Seillière, un adorateur de l'épée, — pas classique, oh ! non ! — mais bien embarrassant avec son long bras tendu au bout duquel se trouve une pointe toujours en ligne. — et enfin

M. Gaiffe, un millionnaire de l'esprit et de la bourse, un ancien *confrère* « arrivé » qui, lorsqu'il n'a pas l'épée à la main, trouve encore le moyen de vous *toucher*... par ses bons mots ou ses bons procédés.

Il me faut encore citer parmi les « fines lames » — style consacré — qu'on voit plus ou moins souvent à l'Élysée : M. Andrieux, dont le jeu tenace et d'une incroyable énergie ne lâche jamais le morceau — un vrai jeu de préfet de police, — et Léon Renault, dont le jeu vigoureux et coquet fait plaisir à voir. L'ex-préfet de police lance le coup de bouton avec beaucoup de correction et d'élégance.

Je remarque encore parmi les tireurs intermittents de ces matinées d'armes, Aurélien Scholl. L'étincelant chroniqueur, est un tenant de l'épée qu'il manie de main de maitre. Chez lui, la riposte arrive comme la balle et *pique* comme un de ses *mots*. C'est le Chamfort de l'épée.

Il me reste encore à parler de toute une pléiade de tireurs renommés. Voici le capitaine Drué — un fidèle ! — le plus infatigable des escrimeurs, le Guzman du fleuret... Au demeurant, un convaincu, et un officier comme il en faudrait beaucoup à notre armée ; — M. H. de Villeneuve, le président très actif de la Société d'encouragement de l'escrime, un des plus brillants élèves de M. Mimiague, un attaqueur impétueux, doublé d'un riposteur terrible ; — M. Devillers, un autre élève de Mimiague, très toucheur, qui vous allongera, à l'occasion, un grand coup d'épée en pleine poitrine, quitte à vous soigner après, en sa qualité de disciple d'Esculape ; — MM. Guignard et Gomez, deux de nos meilleurs amateurs, le premier fort difficile à toucher, le deuxième classique et fin ;— puis, M. Granet, un bon tireur d'épée très pareur ; M. Camuset, un fleuret rapide et fougueux, — et enfin MM. A. Lacroix, G. Audouin. Edmond Blanc et G. Hervieu, de jeunes tireurs pleins de qualités qui promettent de devenir des tireurs remarquables.

L'intérêt de ces matinées d'escrime est encore relevé par la présence des principaux maîtres d'armes parisiens, invités, à tour de rôle, à venir donner à ce public d'élite un échantillon de leur talent.

C'est ainsi qu'on a pu voir successivement tirer Prévost, le tireur impeccable, au style magistral, dont les attaques et les parades sont également admirées des connaisseurs ; les excellents adjudants-maîtres de Joinville-le-Pont : Rouleau, ce maître au jugement si sûr ; Bergès, un tireur de « tête » doué d'une main exquise ; —

Hottelet, le terrible gaucher aux étonnantes ripostes en main de tierce; — les deux Ruzé, dignes fils du célèbre maître de la rue de la Bienfaisance, Rüe, Kirchoffer, Georges Robert, Chazalet, Charles, — et nombre de maîtres militaires : Breton, Tixier, Alessandri, Mougin, Marotte... J'en oublie sans doute, et pas des moins bons.

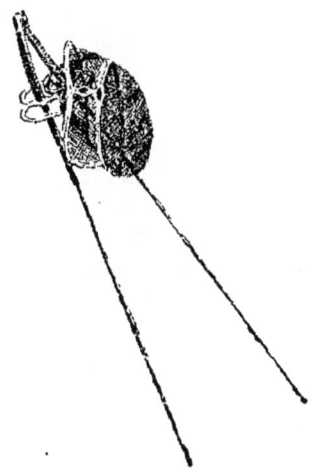

L'ESCRIME DANS L'ARMÉE

L'ESCRIME DANS L'ARMÉE

VOILA longtemps que j'ai à cœur de traiter ce sujet intéressant entre tous. Voilà bien des fois que cette question tente ma plume. Seulement je n'ai rien voulu livrer au hasard, j'ai tenu à n'avancer que des faits probants, des affirmations indiscutables et, pour ce, j'ai consulté les gens du métier, des officiers de toutes armes. Eh bien, tous ceux que j'ai interrogés — et ils sont nombreux — m'ont fait la même réponse : « Loin d'être en honneur dans l'armée française, l'escrime n'y est, pour ainsi parler, plus cultivée. »

Cette conclusion m'a plus affligé qu'elle ne m'a surpris. Personnellement il m'a été donné de constater dans les différents régiments par lesquels j'ai passé que les *quatre cinquièmes* des officiers de ces différents corps n'avaient jamais tenu un fleuret.

Quelles sont donc les causes du discrédit profond dans lequel est tombé cet exercice si noble, si magnifique et si utile de l'escrime dans l'armée ?

Donnons d'abord la parole au règlement. Nous y lisons les prescriptions suivantes :

« L'enseignement de l'escrime est obligatoire « et gratuit.

« Dans chaque casernement une salle d'armes « spéciale est affectée aux officiers qui doivent s'y « exercer à des exercices réguliers et journaliers « *pour donner aux troupes l'exemple du goût de* « *l'escrime* (Circulaire ministérielle du 7 mai

« 1875). A cet effet, le maître d'armes et les pré-
« vôts sont mis à leur disposition à des heures
« fixées par les chefs de corps ou de détachements
« qui doivent chercher à mettre les armes en
« honneur, en encourageant les assauts publics
« et en engageant les officiers à y assister, à y
« participer même pour leur donner plus de solen-
« nité.

« *On mentionne dans les notes données aux of-*
« *ficiers leur aptitude pour l'escrime.* »

Voilà qui est parler d'or, n'est-il pas vrai ?

A n'écouter que ce mirifique règlement, on s'i-
maginerait que tous les officiers de chaque régiment suivent la salle d'armes avec assiduité et
sont familiarisés avec le maniement du fleuret et
de l'épée.

Eh bien, consultez n'importe quel officier subal-
terne, supérieur ou général, consultez surtout les
maître d'armes militaires, lesquels gémissent tout
bas sans oser se plaindre et tous, sans exception,
vous confirmeront la triste réalité des choses qui
est celle-ci : il n'est pas *trois officiers* par régiment qui fassent des armes d'une façon suivie.

Vous entendez, sur plus de *cinquante* officiers,
il n'en est pas *trois* qui sachent manier un **fleuret**.

Eh bien, franchement, cela est déplorable, si j'osais, je dirais le vrai mot, cela est honteux!

Quoi! l'épée n'est donc plus l'arme nationale par excellence, que nos officiers — dont c'est le métier — ne savent plus s'en servir?

Qu'on se reporte à l'époque où les armées alliées campaient en France. Il y avait, tous les jours, vingt duels entre Français et étrangers, et dix-neuf fois sur vingt l'épée française était victorieuse.

Croyez-vous qu'en 1870 nos officiers — dont la bravoure est certes à la hauteur de celle de leurs aînés — auraient pu les renouveler, ces exploits?

Non! mille fois non!

Il faut avoir le courage de l'avouer: très généralement l'officier français est beaucoup moins ferré sur l'escrime que l'officier étranger.

On me dira que ce sont là des vérités qui ne sont pas bonnes à dire. Tel n'est pas mon avis. C'est surtout en ces sortes de matière qu'il est mauvais de farder le vrai, et par excès de chauvinisme, de continuer à crier que tout va admirablement bien dans l'armée française.

D'où vient donc que cet exercice si beau, si profondément militaire, soit ainsi délaissé par les officiers ?

Il y a à cela deux causes principales :

La première, c'est que la plupart des chefs de corps — pour ne pas dire tous — se moquent de l'escrime comme un poisson d'une pomme, n'entrent jamais à la salle d'armes et oublient d'observer les circulaires ministérielles traitant de la matière.

L'impulsion ne se faisant pas sentir d'en haut, on délaisse les armes, et le peu que l'on avait appris étant au collège, ou sous-officier, est bien vite oublié.

On note les officiers sans les voir à l'œuvre. On se contente de leur demander : « Êtes-vous fort en escrime ? » Et c'est eux-mêmes qui sont chargés de résoudre la question.

La deuxième raison est l'insuffisance des locaux et leur installation plus que défectueuse.

Il s'en faut de beaucoup, en effet, que les casernes possèdent un local spécial affecté aux officiers.

Le plus souvent la salle est commune aux officiers et aux soldats. On peut facilement remédier à cet inconvénient en prescrivant au tableau de service que la salle d'armes sera exclusivement à la disposition des officiers de telle heure à telle heure.

L'installation défectueuse des salles d'armes est évidente.

Il est des salles qui n'ont pas même de poêle pour faire sécher les effets et chauffer la pièce où l'on travaille.

Bien mieux. La pépinière de nos maîtres d'armes située au camp de Saint-Maur porte le nom pompeux d'École normale.

Allez voir cette installation et vous serez édifié !

L'enseignement se donne dans d'immenses baraques en planches construites pendant la guerre et encore vierges de réparations.

Dans ce milieu où les vents se donnent rendez-vous on y cultive avec un égal succès les attaques, les parades et les ripostes, les rhumes, les bronchites et les fluxions de poitrine.

— « Si ces baraques étaient en bois de réglisse seulement », nous disait un brave troupier.

Cet état de choses a fait le désespoir des excellents adjudants-professeurs Rouleau, Hottelet, Boulanger et Breton, de notre unique École nationale d'escrime.

Tout cela est triste et si l'on n'y remédie on verra bientôt la fin de cet art si noble, si français, déjà si complètement délaissé dans l'armée par ceux qui devraient donner l'exemple.

Grâce à M. le marquis de Valfont, alors député, 100 maîtres d'armes sur 280 environ peuvent être nommés adjudants, après concours.

Sans cette mesure qui date de 1874, nous n'aurions plus aujourd'hui de maîtres d'armes militaires vraiment dignes de ce nom.

Fort heureusement, il en est encore d'excellents, et les officiers qui ne fréquentent pas la salle d'armes sont sans excuses.

Il n'est pas possible que ces messieurs ne se rendent pas compte des innombrables bienfaits de l'escrime.

Ce magnifique exercice les tient en haleine, en état d'entraînement parfait, il leur fait acquérir le coup d'œil, le sang-froid, la décision et le jugement : toutes qualités indispensables à la guerre et que devrait posséder tout officier pour être à la hauteur de sa noble et difficile mission.

Nous avons donc l'intime conviction de combattre le bon combat en signalant le discrédit dans lequel est tombé dans l'armée cet art éminemment national et utile.

Nous adressons ici un chaleureux appel à M. le ministre de la guerre dont les excellentes intentions nous sont connues.

Nous le supplions de remédier, dans le plus bref délai, à un état de choses aussi déplorable.

Qu'il fasse respecter les règlements militaires relatifs à l'escrime ! qu'il force les officiers à fréquenter les salles d'armes, qu'il les oblige à passer de fréquents examens devant un jury de connaisseurs, et l'escrime ne tardera pas à redevenir en honneur dans l'armée française.

Voilà une réforme nécessaire, urgente, patriotique et qui vaudra à son auteur l'ardente reconnaissance de tous ceux qui ont souci des intérêts de l'armée française.

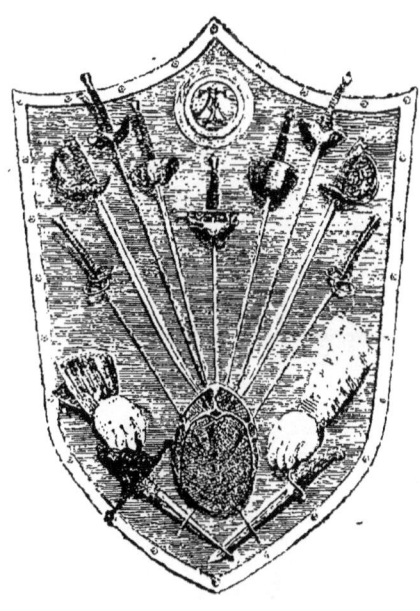

LES
ACCIDENTS DE SALLES D'ARMES

LES
ACCIDENTS DE SALLES D'ARMES

Pour être assez rares, les accidents de salles d'armes n'en sont pas moins infiniment regrettables, et il est bon, je crois, de rechercher le moyen de les rendre moins fréquents encore, en usant de précautions particulièrement minutieuses, — trop négligées, il faut bien le dire, dans la plupart des cercles ou salles d'escrime. Sans parler des effets d'armes, qui sont trop souvent défectueux, des *masques* aux mailles trop flexibles et des *plastrons* qui constituent des cuirasses dérisoirement insuffisantes, il y a lieu surtout d'en accuser les amateurs, qui, dédaigneux des conseils de leurs maîtres expérimentés, substituent aux principes d'une méthode réglée la fougue de leur tempérament, la charge aveugle à fond de train qui frappe à tort et à travers, sans souci des préceptes inculqués.

Je ne vais pas jusqu'à dire que tous les accidents de salle d'armes puissent être évités ; il y en a évidemment de fatals, que l'humaine volonté est impuissante à prévoir. J'en connais plusieurs de cette nature, et je veux espérer que celui qui a causé la mort du pauvre Rouy, de l'École d'escrime française, est de ce nombre.

Mais je pense qu'il est des amateurs qui tirent avec une *furia* bien regrettable... faisant fi des principes classiques, cette école bizarre semble avoir pour règle unique de frapper d'estoc et de taille, sans que la « tête » dirige la « main, » qui « larde » à l'aventure.

C'est l'amour-propre qui est le grand coupable en l'espèce. On veut toucher, toucher quand même, par tous les moyens possibles. On oublie trop qu'un beau coup de bouton est mille fois préférable à dix coups de bouton mauvais ou médiocres qui ont touché par hasard ou en dehors des règles de l'art pur.

Voilà une première cause des accidents de salle d'armes.

Il y en a une deuxième, qui est cousine germaine de la première; c'est une certaine « école de l'épée » qui est basée sur la « tension à outrance ».

L'adversaire vous porte une attaque quelconque de vitesse, votre main n'est pas assez « agile » pour parer, ou vous n'avez plus de « champ » derrière vous; il est impossible de rompre, vous sentez venir l'attaque et, au lieu de parer, vous « tendez la broche » en fermant les yeux...

Qu'arrive-t-il ? l'adversaire vous a porté, je suppose, un coup droit, un dégagé ou même un une-deux en se fendant à fond... il vous touche... mais il est touché lui-même s'il n'est pas « couvert », — ce qui arrive neuf fois sur dix. — Il n'a pas complètement raison, mais vous avez absolument tort.

Le coup arrive au corps de l'attaqueur avec une violence extrême, puisque sa poitrine est allée, en quelque sorte, au devant du coup de bouton ; — le fleuret se brise parfois et le tronçon pénètre à travers le plastron, insuffisamment rembourré, et ensuite, comme dans le cas présent, à travers le corps de l'attaqueur.

Un de mes amis a, là-dessus, une théorie paradoxale, à coup sûr, mais qui, comme tous les paradoxes, même les plus outrés, contient une portion de vérité.

— Il est plus dangereux, dit mon ami, de faire un assaut, à la salle d'armes, avec des fleurets ou des épées mouchetés, que de s'escrimer sur le terrain avec des armes de combat.

Pourquoi ?

— Parce que, sur le terrain, on « a de la méfiance », on sait que « cela pique », tandis qu'à la salle on a confiance et qu'on « tire à fond ».

Je le répète, c'est un paradoxe; mais il contient une parcelle infinitésimale de vrai.

En ce qui me concerne, je préférerais presque — au point de vue de ma sécurité personnelle — faire un assaut à l'épée démouchetée avec certains amateurs partisans de la tension à outrance que de tirer pacifiquement avec les mêmes à la salle d'armes à l'épée ou au fleuret boutonnés. Et cela pour les motifs sus-énoncés.

Ces réserves faites à l'endroit de certains jeux de casse-cou, il est incontestable que l'escrime est un exercice bien moins dangereux que la chasse ou que l'équitation par exemple, sports dans lesquels les accidents graves et même mortels sont beaucoup plus fréquents que ceux de nos salles d'armes.

Je connais des escrimeurs qui font quotidiennement des armes depuis trente ans et plus, sans qu'il en soit résulté de dommages ni pour eux-mêmes ni pour les autres.

Par contre, je ne connais pas de cavaliers ayant monté pendant le même laps de temps et auxquels il ne soit arrivé plusieurs accidents plus ou moins graves.

Que les familles de nos escrimeurs se rassurent donc! Sous le bénéfice des observations faites plus haut, l'escrime demeure, de tous les exercices virils, le plus intéressant, le plus hygiénique et le moins *dangereux*.

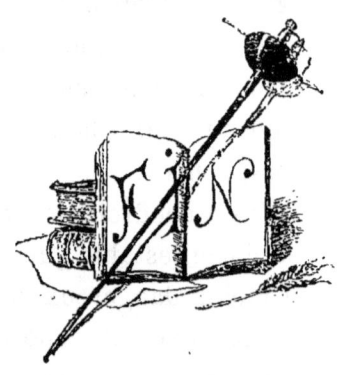

TABLE ALPHABÉTIQUE

TABLE ALPHABÉTIQUE

DES

NOMS CITÉS DANS L'OUVRAGE

A.

Aldernstein, 140.
Allard, 140.
Angle-Beaumanoir (de l'). 25, 29, 85, 86.
Audouin (G.); 25, 85, 197, 305.
Arène (Emmanuel), 118, 131, 243.
Arnoult, 118.
Aubert, 119.
Ariste (d'), 85, 86, 135.
Aumont, 85.
Ayat, 126, 170 à 174.
Adelon, 173.
Aumale (duc d'), 164.
Aldama (A. de), 57, 70 à 77, 119, 165.
Andrieux, 58 à 61, 121, 243, 303.
Arnaud de l'Ariège (J.), 185, 139.
Azéma, 185.
Avaray (comte d'), 127.
Aubin, 127.
Alicot, 111.

André (Émile), 139, 140, 197, 235, 241.
Ayraud-Degeorge, 244.
Alexadiès, 215.
Aubray (d'), 224.
Ardohain, 101 à 106.
Arembourg, 155.
Aujubault, 139.

B

Borda (G. de), 5, 16, 32, 36 à 39, 53, 163, 165.
Bertrand, 12, 63, 88, 103, 104, 142, 160.
Brinquant, 15, 69, 85.
Bibesco (prince), 16, 85.
Bénazet, 140.
Bergerault, 169.
Bayard, 169.
Benoist (baron de), 130.

Berrier, 18.
Barroil, 87.
Boyer, 32, 115.
Bondy (de), 32.
Blanc (Edmond), 91,130, 131, 304.
Bossy, 130.
Bettenfeld (M.), 130.
Boileau, 118.
Baure, 118.
Barthe, 85, 110.
Bonini (capitaine), 85, 118, 119.
Briguiboul, 85.
Benardaki, 173.
Borel (Henri), 173.
Busson-Billault, 173.
Breton, 84, 117, 231, 232.
Boulanger, 84, 117.
Beaumont, 181.
Blain (F.), 181.
Bellino, 181.
Barrachin, 181.
Blossier, 181.
Borrel, 155.
Badon-Pascal, 155.
Bernhart (M.), 155, 301.
Bazancourt (de), 129.
Balanesco, 127.
Burin des Roziers, 127.
Bamberger, 127.
Bounot, 114.
Blavet, 238, 242.
Baudry (E.), 197.
Buhour, 197.
Borel (Léon), 197.
Brun, 197.
Barillot, 197.

Bardoux, 197.
Berghes (prince de), 210.
Berardi (G.), 238.
Beauvois-Devaux, 262.
Boyer, 213.
Batiau (G.), 243.
Bourjade, 229.
Bergès fils, 229.
Bataille, 241.
Bourdin (P.), 241.
Bouin, 241.
Bonnet, 142, 210, 218.
Breitmeyer frères, 214.
Brasseau, 227.
Bienvenu (L.), 227.
Boivin, 227.
Bocage (Henri), 147.
Berardi (G.), 155.
Blavet (G.), 242.
Bruhl frères, 227.
Blumenthal, 227.
Berthier, 227.
Bergès, 231.
Bel, 231.
Berrétrot, 231.
Babé, 139.
Berthelin, 139.
Boussod, 139.
Bouvelet, 139.
Ballot (Marcel), 140.
Barbé, 140.
Bonnegarde (G. de), 158.
Bourgoing (Ch. de), 158.
Bassetière (L. de La), 159.

C

Cordelois, 3, 5, 8, 63, 114.
Collin, 5, 60, 123 à 127, 296, 299.
Clamorgan (commandant), 140.
Chabrol, 25, 27, 85, 88, 163, 302.
Camuset, 25, 85, 305.
Chabert, 25, 85.
Chazalet, 32, 162, 211 à 216.
Chimay (A. de), 32, 127, 138.
Casella, 32, 64.
Calmels, 118, 231.
Chardin, 118, 119.
Crosnier (docteur), 118, 119.
Cassagnac (P. de), 85, 147, 213.
Cassagnac (L. de), 85, 147.
Cassagnac (G. de), 85, 118.
Caters (de), 85, 139.
Cristiani, 85, 110.
Ceide, 85, 139.
Chauvigny (de), 85, 110.
Charpillon, 85, 185.
Chevillard, 85, 139.
Collas, 171.
Coury de Rosland, 173.
Calvet-Rogniat, 173.
Chartres (duc de), 164.
Conrad (O.), 53 à 57, 82, 110, 165.
Croix (marquis de), 181.
Cruz (Francisco de la), 181.
Camondo (M. de), 181.
Castro (J. de), 185.
Camondo (M.), 185.
Castel-Moncayo, 185.
Clauzel (vicomte), 155.

Chabert (Albert), 25, 85, 166.
Clairin, 166.
Châteignier (de), 129.
Cottin (A.), 129.
Caraman-Chimay (de), 130.
Coste, 130.
Compiègne (de), 130.
Caccamisi (A.), 130.
Coupray (de), 119.
Claux (V. du), 119.
Cochain, 119.
Cottin (Robert), 130.
Castex (vicomte de), 127.
Cunin-Gridaine, 127.
Chalret du Rieu, 111.
Cère (E.), 244.
Corra (E.), 244.
Chesneau (E.), 244.
Champsaur (F.), 244.
Cartillier, 244.
Chabrillan, 197.
Caïn, 204 à 210, 223.
Claretie (Jules), 244.
Cornély, 244.
Cherville (de), 244.
Chabrillat (H.), 244.
Cabot, 229.
Chegarey, 235.
Creuzé de Latouche, 210.
Cautauzène, 210.
Creuzé, 210.
Carvalho, 210.
Cardozot, 215.
Cocquelet père, 226.
Chancel, 226.
Cuvillier, 226.

Coquelin cadet, 226, 227.
Camus, 227.
Cayrou, 110.
Chapron, 147, 152.
Corthey, 152, 155.
Collin, 296, 300.
Cocquelet (L.), 227.
Cebron, 139.
Crémieux-Foa, 139.
Chapellier, 139.
Chabrié, 139.
Couhin (Claude), 140.
Charles (J.-B.), 157 à 159.
Coppon–Mandard (J.), 158.
Courson (A. de), 158.
Croy (prince de), 158.
Chaussée (D. de la), 159.

D

Denis, 140.
Duval, 169.
Defly, 169.
Dérué (capitaine), 25, 47 à 52, 84, 119, 163, 301.
Devillers, 25, 85, 304.
Duran (Carolus), 27, 40 à 46, 78, 111, 302.
Dejoux, 32, 85.
Dupin, 32.
Dollfus (E.), 131, 144, 173.
Dupont (P.), 85.
Duruy (G.), 85.
Dion (de), 85, 131, 173.

Delpit (A.), 39, 210, 244.
Dejust, 181.
Duval (Alexandre), 181.
Delacre (Lucien), 181.
Desprès (docteur), 181.
Del Castillo, 185.
Duval (J.-Raoul), 185.
Drevon, 166.
Denisane, 166.
Duval (Albert), 85, 166.
Delaage (baron), 129.
Dreyfus (Abraham), 119.
David, 119.
Dutou, 119.
Destrée, 122, 126.
Duplay (docteur Simon), 127.
Dorlodot (de), 111.
Diémer, 111.
Dreyfus (Auguste), 127, 300.
Dalloz, 227.
Dubrujeaud (L.), 111.
Deschaumes, 244.
Delombe, 244.
Darcel, 244.
Duval (G.), 244.
Dauchez, 196.
Doisteau, 197.
Dubrujeaud (A.), 197, 243.
Duruy (Georges), 210, 243.
Daudet (A.), 244.
Drumond, 244.
Diguet (Louis), 235.
Didelet, 210.
Duchesnois, 210.
Desbarolles (Ad.), 213.
Dejoux, 213, 214.

Duffetel, 224.
Delplanque, 224, 301.
Daressy, 104, 114.
Diguet (G.-H.), 242.
Delombre, 227.
Delapalme, 85, 139.
Dolléans, 139.
Diesbach (Ch. de), 159.

E

Ezpeleta (A. d'), 1 à 6, 7, 8, 53, 55, 71, 131, 135, 136, 138, 185.
Eggly (P.), 118.
Escudier (G.), 181.
Escalier, 166.
Essarts (des), 111.
Edwards (A.), 244.
Enjalbert, 121.
Emmery (comte), 85, 88, 165.

F

Féry d'Esclands, 7, 11 à 16, 154, 161, 163, 187, 189, 301.
Farquhar, 140.
Fleury, 118, 119.
Fajolle, 118.
Fain (baron), 85, 152, 155.
Franconi, 85, 147, 155.
Fleury (comte), 173.
Fillion, 181.
Fournier (E.), 161.

Fabre (J.), 185.
Fernan-Nunez (duc de), 185.
Frey, 121, 156.
Fauchier (M.), 166.
Fuente (de la), 119.
Fouquier, 119.
Fouquiau, 127.
Foucher (Paul), 244.
Flor O'squarr (Ch.), 244.
Forges (de), 197.
Fradin, 110, 203.
Fresne (de), 210.
Fétiker, 235.
Fassy, 210.
Fichot, 215.
Fosse, 217 à 221.
Floret (Gaston), 226.
Freissinet (comte d'Yzarn), 110.
Fouquier (Henri), 147, 243.
Faure (F.), 301.
Ferey (Henri), 159.

G

Guilloux, 140.
Grenet, 140.
Grisier, 18.
Guignard, 25, 28 à 30, 304.
Gomez, 25, 85, 304.
Gervex, 131, 118, 119.
Gaspard, 118, 119, 135.
Grut, 118, 119.
Gœlzer, 118.

Germiny (comte de), 173.
Gabriel, 231.
Gaiffe (A.), 302.
Grainville (de), 111.
Gélinard, 173.
Gheest (de), 173.
Guise (duc de), 164.
Guyon, 181.
Garnier (P.), 181.
Godillot (G.), 140, 181.
Gilloux (C.), 155, 165.
Gage (docteur), 130.
Gérard (A.), 130.
Giobergia, 130.
Giraudeau (docteur), 130.
Grévy (Léon), 300.
Guerrier (docteur), 127.
Granville (de), 111.
Grimaldi (marquis de), 111.
Gieurre (docteur), 111.
Ginisty (P.), 244.
Grosclaude, 244.
Gavarni, 197.
Gaillard, 197.
Ganderax (L), 204, 209, 210, 244.
Grave (Th. de), 241.
Grison, 241.
Guesnet, 210.
Gattier, 214.
Garnier (Albert), 214.
Guillaumet, 215.
Gâtechair, 209, 217, 320.
Guinot, 224.
Gouverné (docteur), 227.
Gourgaud (baron), 142.
Gambetta, 147.

Gaillard, 155.
Goupil (L.), 155.
Giroux, 242.
Grumbach, 301.
Granet, 304.
Gâtechair (H.), 231.
Girard (Tony), 25, 85, 138.
Gadiot, 231.
Gamoty frères, 231.
Guerton, 139.
Gimel (M. de), 158.

H

Hochon, 5, 85, 138.
Haller, 167 à 169.
Haller fils, 169.
Heindebrunze, 135.
Hilbert, 118.
Hepp (Alexandre), 118, 243.
Hunnebel (Jules), 173.
Hamel, 72, 231.
Haulles (des), 78 à 80, 154.
Halphen (A.), 181.
Houssaye, 181.
Hadamard, 181.
Hermet (docteur), 181.
Hentz, 185.
Houssaye (H), 155, 238.
Hubert-Brierre, 155.
Heursel (d'), 130.
Hottelet, 92, 115 à 122, 129.
Heraule (de l'), 210.
Hervé, 147, 244.

Hazotte, 229.
Hazard, 235.
Hermet, 210.
Hernandez, 215.
Heiser, 224, 227.
Hug, 224.
Herweg (H.), 226.
Heymann, 110.
Harden-Hickey, 244.
Hervieu (G.), 305.
Hardouin, 227.
Heiser (C.), 225.
Hunolstein (comte d'), 159.
Hinnisdal (comte d'), 159.

Jourdain, 210.
Jacob (P.), 210.
Janniot, 210.
Jurebourg, 210.
Jollibois fils, 215.
Julian, 155.
Judet (E.), 243.
Joubert, 140.
Joubert, 118.

K

Kirchoffer, 231, 232, 233.
Kergariou (de), 140.
Kergall (de), 140.
Kersaint (de), 173.

I

Imbernotte,
Ivernois (comte d'), 173.

L

Legouvé, 4, 155, 187, 189, 245, 246.
Lindemann (de), 5, 57, 85, 90, 165.
Le Roy (Charles), 5, 16, 85, 94, 118, 166.
Lafont (B. de), 130.
Laroze (G.), 85, 89, 131, 138.
Lafont, 118.
Le Roy fils, 118.
Lajeune-Villar, 118.
Lavallée (de), 119.
Lebey (E.), 85, 131, 182, 244.
Legrand (Th.), 110, 140, 182.

J

Javal, 140.
Jacob, 19, 122, 146 à 156.
Jacobson, 119.
Jean-Louis, 108, 142, 224.
Jeanselme (C.), 182.
Jephson (C.), 182.
Jelowicki (prince), 130.
Janicot (docteur), 111.
Jacquemin, 111.
Jolly, 111.
Jollivet (G.), 244.

Legrand (G.), 118, 131, 140, 182.
La Marche (Claude), 85, 226.
Lacroix, 85, 118, 119, 305.
Levylier (E.), 182.
Lebey (Georges), 182.
Lacaille, 182.
Lucenski (de), 182.
Laty, 182.
Lebaudy (P.), 182.
Laurençon, 185.
Lefèvre, 185.
Lecour (Charles), 162.
Lalande (de), 130.
Lareinty (J de), 130.
Lapeyrère (de), 130.
Leng (M.) 119.
Large, 126.
Lesparre (duc de), 127.
Lessen (de), 127.
Lariboisière (comte de), 111.
Landolt (docteur), 111.
Lafaugère, 111, 114.
Léoni (P. de), 244.
Lissagaray, 244.
Liévin, 244.
Livet (G.), 244.
Lefort (A.), 197, 244.
Lordon, 244.
Lavallée (de), 244.
Lozès (H), 256 à 259.
Lévy-Bing (A.), 197.
Lesseps (de), 197.
Lassus (P. de), 197.
Leveillé, 197.
Lenepveu, 130.

Lugol, 215.
Lullier, 197.
Laffitte (J.), 244.
Lepelletier (E.), 244.
Lockroy, 244.
Lippmann, 210.
Lamy, 210.
Levallois, 85, 214.
Le Prévost de Launay, 215.
Leroi, 218.
Lallier (Jules), 226.
Leker, 227.
Lejeune (Paul), 227.
Latty (docteur), 227.
Laburthe (docteur), 227.
Lozès (ainé), 63, 104, 142.
Lyonne (de), 152.
Lavallée, 155.
Laurent (Charles), 244.
Leyss, 301.
Levrier, 301.
Lamin, 228 à 230.
Lehideux, 140.
Lucinges (prince R. de), 159.
Lamotte (Jean de), 159.

M

Manniez, 5, 116.
Mérignac (ainé), 5, 13, 19, 21, 32, 64, 84, 91, 115, 133 à 140. 161, 190.
Morny (duc de), 140, 173.

Milius (F.), 140.
Midlair, 140.
Mérignac (Lucien), 140.
Molier, 85, 169.
Montès, 147.
Mimiague, 24, 25, 27, 28, 49, 53, 94, 116, 123, 125, 126.
Montaigu (de), 130.
Miers (de), 130.
Marcy (de), 118, 131.
Molombe (de), 130.
Marx (René), 118.
Mérignac (François), 134, 136.
Mérignac (Émile), 136, 231, 233, 234.
Maré, 118.
Meyer (Ch.), 118.
Malmeneyde, 118.
Magnier (Edmond), 242.
Murat (prince L.), 173.
Ménier frères, 182.
Meyer (F.), 182.
Merville (de), 182.
Michon, 84.
Mina (marquis de la), 185.
Mareuil (de), 155.
Michel, 162.
Molombe (de), 120, 166.
Mareuil (vicomte de), 130.
Mas, 119.
Mégy, 121.
Mecklembourg (baron de), 127.
Maulde (comte de), 127.
Maugny (comte de), 127.
Millon, 111.
Maurel (V.), 86, 111, 131.

Mendès (C.), 244.
Marçay (de), 244.
Maggiolo (A.), 244.
Maizeroy (R.), 244.
Mermeix, 244.
Mondon, 244.
Meunier (L.-V.), 244.
Mathey, 197.
Montjan, 197.
Morton (de), 197.
Maréchal, 197.
Maugras, 197.
Mottat, 197.
Maigret, 197.
Maupassant (Guy de), 210, 244.
Meyer (A.), 244.
Mercier, 227.
Morny (comte de), 140.
Minel, 231.
Mariani (baron), 111.
Magen, 244.
Mitchell (R.), 244.
Marrotte, 210, 229.
Marsac, 229.
Marsaud, 229.
Magnard (F.), 240.
Marx (A.), 241.
Martin (R.), 241.
Merwart, 210.
Martinière (de la), 210.
Macédo (de), 210.
Merlin, 215.
Monraisin, 215.
Mottu (G.), 226.
Marpon, 226.
Mottu père, 227.

Marchal, 227.
Milo (marquis), 110.
Maynard (A.), 238.
Mirbeau (O.), 244.
Morel, 301.
Meissonnier, 227.
Marcou, 139.
Mazelière (A. de la), 158.

N

Ney d'Elchingen, 16, 41, 154, 161, 189.
Noirmont (baron de), 173.
Normand, 182.
Nadar (P.), 111.
Ney (N.), 242.
Noailles (F. de), 159.
Neuville (J. de), 159.

O

Osiris, 131.
Orival (Maurice d'), 182.
Orival(René (d'), 182.
Oudin, 185.
Oyssonville (d'), 130.
Odier (G), 215.
Orglandes (E. d'), 159.

P

Potocki (comte), 5, 85, 92, 129, 131, 165.
Prévost, 15, 19, 72, 75, 84, 143, 160 à 166, 190.
Pochet (G.), 130.
Paixhans (L.), 130.
Pianelli, 118.
Pascal (E.), 118.
Petit, 85, 185.
Polonini, 85, 185.
Penalver (de), 173.
Pinto d'Araujo, 173.
Pastré (A.), 173.
Parès (comte de), 164.
Poupeins-Maufrais, 62 à 66, 114.
Pons neveu, 72.
Phélippon, 81 à 84, 110.
Parise, 108.
Pontcharra (de), 185.
Pène (Henri de), 130, 169, 238, 243.
Pochet (E.), 130.
Pinaud (L.), 130, 155.
Prat, 130.
Person, 111.
Poirée (E.), 111.
Paz (M), 238.
Privat frères, 238.
Poucray (J. du), 238.
Pons aîné, 103, 247 à 252.
Pellerin, 193 à 198.
Peltier, 197.
Pasquet de Laurvère, 197.

Princeteau, 197.
Pessard (H.), 244.
Poix (prince de), 158.
Panouse (L. de la), 159.
Poisson (baron), 173.
Paris (comte de), 164.
Peyrouton, 244.
Perivier (A.), 240, 241.
Platel (Félix), 241.
Prevet (Jules et Charles), 242.
Prével, 242.
Pigeonnat, 242.
Poilpot, 210.
Potel, 214.
Pra (Albert), 214.
Pra (Jules), 214.
Paz, 224.
Paz (Maxime), 227.
Passot, 85, 92, 118, 119.
Pra père, 86, 155.
Prévost père, 103, 142, 160, 161.
Perronet, 110.
Païva (de), 110.
Pinaud, 155.
Pharaon (Louis), 242.
Perrières (C. des), 243.
Pellencq, 231, 232.
Poyet (docteur), 140.

Q

Quadockk-Khan frères, 227.

R

Robert aîné, 4, 5, 12, 15, 18, 19, 20, 72, 78, 104, 136, 161, 164, 187, 189.
Robert (Henri), 140.
Roulez, 31 à 36, 155.
Raimondi, 32, 37.
Robert (Désiré), 138, 238.
Robert (Paul), 118, 197.
Ridgway, 173.
Ravaut (Jules), 182.
Ragon, 182.
Ravenez (Louis), 182.
Ravenez (Fernand), 182.
Ribon, 173.
Rodays, (F. de), 241.
Rougé (R. de), 130.
Robert (Georges), 187 à 192.
Rüe, 37, 162, 179 à 182.
Roux (lieutenant), 48, 85, 118, 119, 301.
Ruzé (Ch.), 54, 57, 62, 63, 67, 82, 93, 107 à 112, 114, 123, 174, 224.
Reille (André), 67 à 69, 110.
Ruzé (P.), 107, 109, 175 à 178, 222.
Ruzé (A.), 107, 109, 199 à 203.
Renouvain, 185.
Rouy, 162.
Robert-Cottin, 166, 130.
Roll, 85, 93, 119, 166, 197.
Rovigo (duc de), 129.
Rougé (R. de), 130, 158.

Raap, 119.
Renault (Léon), 85, 127, 303.
Rosetti (prince), 127.
Roland-Gosselin, 127.
Ricquier, 127.
Rabar (marquis de), 111.
Rouleau, 112, 117, 128 à 132.
Rogat (Albert), 197, 243.
Rigot, 197.
Richer de Forges, 197.
Ranc, 147, 197, 242.
Racot, 244.
Richepin (J.), 244.
Rouvière, 233 à 235.
Rigaud, 214, 86.
Rebon, 215.
Renard, 227.
Reymond (Henri), 85, 93, 110.
Ritter, 85, 118, 119.
Rendu, 110.
Rochefort (H.), 243.
Roy, 301.
Radin, 226.
Reymond (Paul), 85, 118, 119.
Raschowitz, 118.
Roig, 118.
Rivière (duc de), 129.
Roy (Marius), 226, 227.
Rigault, 139.
Reynaud, 139.
Rougé (Robert de), 159.
Rochefoucauld (P. de la), 158.
Roche-Guyon (de la), 159.
Rochefoucauld (Guy de la), 159.
Rauchicourt (P. de), 159.
Rougé (Armand de), 159.

S

Saucède, 5, 15, 17 à 22, 161, 163, 165, 189.
Saint-Georges, 12.
Simond, 140.
Staat, 135, 168, 219,
San-Malato, 21, 138, 220.
Sarlin, 25, 85, 94, 299.
Saint-Albin (de), 137, 213, 241, 247.
Siry, 138.
Sauze frères, 118.
Schultz, 173.
Saint-Priest (H. de), 182.
Sachs (Oscar) 182.
Sachs (Edmond), 182.
Sanguinetti, 60, 85, 127, 301.
Smyters (de), 62, 113, 114.
Steinfeld, 185.
Sinadino (N.), 185.
Sassenay (de), 155.
Santiagos-Artos, 166.
Sauvages (F. de), 130.
Scalaroni, 119.
Sisto, 119.
Sauvat, 119.
Scholl (Aurélien), 121, 122, 147, 243, 303.
Siegfried, 127.
Seillières (Raymond), 127, 210.
Soubrebost (de), 127.
Sombreuil (de), 111.
Salle (de la),[1] 111.
Sautereau, 238.

Second (H.), 238.
Saffroy, 197.
Soutzo (prince), 210.
Solms (comte de), 210.
Sauvaire, 224.
Saintoyan, 224.
Serment, 226.
Silvestre (A.), 85, 94, 118, 119, 244.
Sohège, 86, 131, 152.
Sandford, 110.
Schwab, 227.
Saint-Germain (de), 227.
Soupe, 139.
Sénéchal (de), 139.
Santa-Maria, 139.
Spincer, 157.

T

Tony-Girard, 25, 85, 138.
Tournon (de), 32.
Thierriet, 118.
Teillard, 182.
Thiébaut, 182.
Tixier, 84, 231.
Thomson, 185, 238.
Trémoul (du), 165.
Thomeguex, 85, 166.
Texier (J.), 130.
Tessonnière, 119.
Tocqueville (vicomte de), 111.
Treille (A.), 238.
Talleyrand-Périgord (de), 210.

Trégomain (de), 210.
Tarbé (E.), 244.
Terrier, 227.
Thiboust (Lambert), 147.
Teil (J. du), 158.

V

Vibraye (de), 16, 155.
Van den Abeele, 140.
Villeneuve (de), 23 à 27, 84, 263, 304.
Veil-Picard (E.), 131.
Villeroy, 173.
Vichy (vicomte de), 182.
Vesvrotte (comte de), 182.
Verdé-Delisle, 182.
Vernède (de la), 182.
Vigeant, 41, 42, 43, 45, 72, 129, 141 à 145, 220.
Vavasseur, 55, 86, 94, 95, 152.
Vieuville (Hyacinthe), 183 à 186, 189, 225.
Vigerie (A. de la), 255.
Varille, 121.
Vitale, 121.
Varéliaud, 197.
Vaux (de), 210, 244.
Vauquelin, 244.
Valori (de), 244.
Volmy, 210.
Verdet (Louis), 224 à 227.
Valcarlos (marquis de), 85, 110.
Violet (A.), 127, 301.

342   TABLE ALPHABÉTIQUE

Verdet, 220 à 225.
Varey (baron J. de), 159.

Westheimer, 185.
Wilson (D.), 85, 95, 126, 127, 294, 299.

W

Waskiewicz, 3, 7 à 10, 15, 21, 53, 57, 185.
Weber, 182.
Walfons-Lapervenchère, 51.

Z

Zurlo (prince), 185.
Zevallos (R.-O. de), 226.

ARIS. — IMP. C. MARPON ET E. FLAMMARION, RUE RACINE, 26.

www.ingramcontent.com/pod-product-compliance
Lightning Source LLC
Chambersburg PA
CBHW060319170426
43202CB00014B/2594